Christoph W. Rosenthal
Zur Evolution von Selbststeuerung, Kommunikation, Kultur & Liebe

Zum Autor:

Christoph W. Rosenthal (Jg. 1957) hat in Wuppertal, Göttingen und Bochum Ev. Theologie und Religions-/Geschichte studiert. Er lebt seit 1981 als freier Kulturschaffender mit Jobs, Kulturarbeit, Kunst und Forschungen.

(Ab Ende Februar oder März 2021 freigeschaltet):

www.christoph-w-rosenthal.de

Christoph W. Rosenthal

Zur Evolution von Selbststeuerung, Kommunikation, Kultur & Liebe

- Das neue Bild der Humanevolution

Alle Zeichnungen vom Autor,
Foto in Privatbesitz

Herstellung und Verlag:
BoD – Book on Demand, Norderstedt

ISBN 9 783751 977951

Aufriss

Nach den neueren Einsichten wie insbesondere in der Neurologie kann der kategoriale Unterschied zwischen Mensch und Tier weder an der Technik noch in der Größe des Gehirns festgemacht werden. Bei dieser Entwicklung handelt es sich vielmehr um die der Humanevolution vorausgehenden Stufe der Hominiden, die immer noch auf der genetischen Anlage der Verhaltenssteuerung der Tiere basierte.

Die Humanevolution, die erst auf die Zeit vor ca. 0,5 Mio. Jahren angesetzt werden kann, verknüpft sich vielmehr – und zwar aus evolutionär dringend gewordenen Problemen im Sozialleben - mit der Aneignung der genetischen Verhaltenssteuerung zur Befähigung zur Selbststeuerung. Mit dieser Befähigung entging die humanevolutionäre Entwicklung in letzter Minute dem kompletten Aussterben der hominiden Stufe.

Die Entwicklung von Kommunikation und Kultur erwies sich als die einzige Alternative zu den ruinös gewordenen Konkurrenzkämpfen um Ränge und Geschlechtspartner. Mit ihr entstand eine völlig neue Qualität an Sozial- und Beziehungs-Leben incl. Liebe. Auf dieser Basis wurde die Humanevolution kurz vor dem Aussterben doch noch zum Erfolg – und was für einer!

Die vorliegenden neuen Einsichten zu dem humanevolutionären Prozess basieren in erster Linie auf neueren neurologischen, aber auch auf linguistischen, psychologischen, ethnologischen und archäologischen Erkenntnissen.

„In jüngster Zeit hat eine Serie neurobiologischer Beobachtungen ein neues Bild entstehen lassen. Es beschreibt des Menschen als ein Wesen, dessen zentrale Motivationen auf Zuwendung und gelingende menschlichen Beziehungen gerichtet sind." (S. 9)

„Wir sind – aus neurobiologischer Sicht – auf soziale Resonanz und Kooperation angelegte Wesen. Kern aller menschlichen Motivation ist es, zwischenmenschliche Anerkennung, Wertschätzung, Zuwendung oder Zuneigung zu finden und zu geben." (S. 23)

Der Neurobiologe
Joachim **Bauer**: Prinzip Menschlichkeit. Warum wir von Natur aus kooperieren

Vorbemerkungen

Die vorliegende Ausgabe ist eine auf die Hälfte gekürzte und umgearbeitete Fassung meines 2018 erschienenen Werks >Die Humanevolution war ganz anders< (aktuelle Version 1.1 von März 2019).

Diese Fassung konzentriert sich auf die zentrale Entwicklung der Humanevolution: nämlich die Aneignung der genetischen Verhaltenssteuerung zur Befähigung zur Selbststeuerung, auf ihre evolutionären Hintergründe und ihre Verbindungen zu dem völlig neuartigen Sozial- und Beziehungs-Leben incl. Liebe.

Diese Konzentration hat ihr eigenes Recht. Diese ohnehin komplexen Zusammenhänge, die zudem etliche Neueinsichten der Humanwissenschaften beinhalten, werden hierdurch erheblich übersichtlicher. In dieser Ausrichtung wurde der vorliegende Text gekürzt, bearbeitet und weiterentwickelt.

Für eine stärker wissenschaftlich orientierte Auseinandersetzung bleibt auf die längere Fassung von 2018 zu verweisen. In ihr wird ganz anders auf die vorausgehenden umfassenderen evolutionären Hintergründe eingegangen, die in dieser kurzen Fassung in etlichem nur gestreift werden und in manchem gänzlich unerwähnt bleiben. Das ist natürlich für bestimmte Auseinandersetzungen unzureichend. Je nach Interesse kann die ausführlichere Fassung immer noch als eine erhebliche Ergänzung und Vertiefung relevant und spannend sein.

Insgesamt ergibt sich aus den neueren neurologischen, historiologischen und kulturologischen Einsichten usw. ein reichlich neues Panaroma der evolutionären Gegebenheiten unserer Art Homo sapiens. Dass dies in vielerlei Hinsichten auch von direkterer Bedeutung für eine heutige Praxis ist, soll hier nicht übergangen werden. Doch geht es zuerst um ein Verstehen der tatsächlichen Gegebenheiten des Menschen.

Andere Zusammenhänge werden in anderen Büchern und baldigen Veröffentlichungen ausgeführt. Dies betrifft insbesondere den Komplex **Geschichte**, bei dem es analog zu dem Verständnis der Humanevolution ebenfalls in der neueren Zeit zu deutlich veränderten Einsichten kam. Einen umfassenderen Überblick hierzu habe ich 2018 unter dem Titel >Die kopernikanische Wende unseres Weltgeschichts-Bildes< herausgebracht (aktuelle Version 1.1 von Januar 2021). Das hierbei zentrale Phänomen - die >Mesolithische Revolution< als die Begründung der historischen Entwicklung am Ende der Eiszeit – ist inzwischen in einem eigenes Werk dargestellt.

Ein weiterer Komplex verknüpft sich mit **Sprache**. Es ist vor allem dieser Bereich, der bei meinen Forschungen in vielen Einzelheiten erhebliche Aufschlüsse bzgl. der humanevolutionären und der frühgeschichtlichen Entwicklungen erbrachte. Dieses Werk soll im Februar 2021 erscheinen.

Weitere Literatur ist ebenfalls bereits seit längerer Zeit in Arbeit und könnte in manchem bald erscheinen.

Christoph W. Rosenthal,
Wuppertal, im Februar 2021

Hinweis:

- Im Unterschied zu den **runden Klammerzeichen** (.) sind die **eckigen** Klammerzeichen [...] *in Zitaten* Ausdruck meiner Bearbeitung [= CR]. Dies schließt auch mitunter eine Bemerkung [*kursiv abgesetzt*] ein. Dies wird an den Stellen nicht jeweils vermerkt.

Das >paradiesische< Ursprungs-Milieu der Humanevolution (→ S. 163),
das anders als bei der Stufe der Hominiden nicht in der Savanne, sondern
am Wasser lag

„Die modernen Menschen jedoch, die sich in Afrika zur gleichen
Zeit entwickelten, genossen einen kleinen Vorteil – das Klima.
Homo sapiens war gewissermaßen ein echter >Sunnyboy<, ver-
wöhnt von einem warmen Klima, das Flora und Fauna des gesamten Kontinents seit langem prägte." [1]

---

[1] Friedemann Schrenk & Stephanie Müller, in: Gabriele Uelsberg & Stefan
Lötters, Roots/Wurzeln der Menschheit, S. 29

„Es liegt in unserer Natur, einfühlsames Geben und Nehmen zu genießen. Wir haben uns jedoch viele Muster >lebensentfremdender Kommunikation< angeeignet, die dazu führen, dass wir uns selbst und andere mit unserem Sprachstil und unserem Verhalten verletzen."[2]

„Mittlerweile bin ich davon überzeugt, dass es um Sprache und Kommunikation geht. Die Antwort auf die Frage nach der Ursache von Gewalt liegt in der Art und Weise, wie wir gelernt haben zu denken, zu kommunizieren und mit Macht umzugehen."[3]

M.B. Rosenberg, Gewaltfreie Kommunikation

---

[2] Marshall B. Rosenberg: Gewaltfreie Kommunikation, S. 42
[3] Marshall B. Rosenberg & Gabriele Seils: Konflikte lösen durch Gewaltfreie Kommunikation, S. 11

Teil I

Zu der Vorgeschichte der Human-
evolution

Es zeigt sich bzgl. der Humanevolution, dass ihre Problemstellungen und Lösungsstrategien mit dem in Verbindung stehen, was sich in Bezug auf die Primaten als einem Strang der Säugetiere schon von Anfang an darstellt und sich auch auf den weiteren evolutionären Stufen bis zur Humanevolution immer wiederholt.

Dieser Sachverhalt ist von Bedeutung. Denn damit können wir diesen Entwicklungsprozess in seinen Problemstellungen und Lösungsstrategien über eine Länge von insgesamt weit über 100 Mio. Jahren und im Vergleich zu den anderen evolutionären Verwandtschaftslinien studieren. Somit lassen sich die Themen der Ernährungsbesorgung, Aggression, den evolutionären Anforderungen und der evolutionären Fitness ganz anders einordnen und abklären, als dies früher möglich war.

Hier soll jedoch im Unterschied zu den Ausführungen in >Die Humanevolution war ganz anders< nur kurz auf die Vorgeschichte der Humanevolution eingegangen werden.

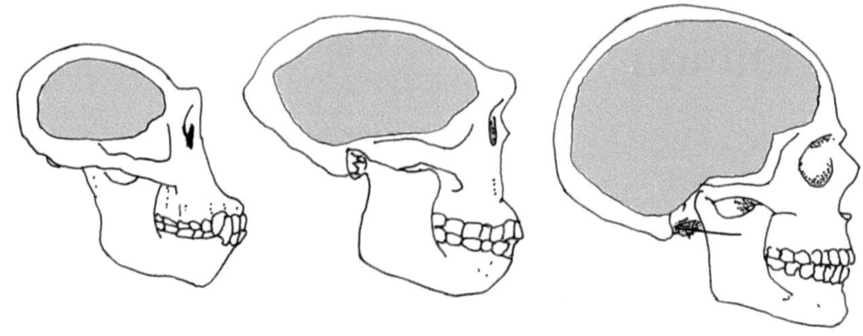

Nachzeichnung nach: Martin Kuckenburg:
Wer sprach das erste Wort, S. 54

Es handelt sich hier jedoch um eine frühe Stufe
des „Homo erectus". Die spätere Stufe liegt uns
Homo sapiens schon deutlich näher.

1 Zur Evolution des Großhirns und der Primaten

„Menschen sind dank ihres Gehirns unglaublich flexibel, bevölkern den gesamten Erdball und sind sogar erste Schritte auf dem Mond gegangen. Gewiss, Tiger haben schärfere Zähne, Elefanten sind stärker, Geparden schneller, Eisbären vertragen Kälte besser. Wale können besser schwimmen und Albatrosse besser fliegen. Im Gegensatz zu all diesen vom Aussterben bedrohten Tieren jedoch ist der Mensch dank seines Gehirns nicht auf eine Sache besonders spezialisiert, sondern kann sich auf die verschiedensten Umgebungen, Aufgaben und Probleme einstellen. Kurz: Er kann lernen, und zwar besser als alle anderen Lebewesen auf der Welt. Und das Organ, mit dem dies geschieht, sind nicht Zähne, Muskeln, Fell, Flossen oder Flügel, sondern das Gehirn. "

Der Neurowissenschaftler Manfred Spitzer: Lernen, S. 14

„In jüngster Zeit hat eine Serie neurobiologischer Beobachtungen ein neues Bild entstehen lassen. Es beschreibt den Menschen als ein Wesen, dessen zentrale Motivation auf Zuwendung und gelingende Beziehungen gerichtet ist. "

Der Neurobiologe Joachim Bauer: Prinzip Menschlichkeit.
Warum wir von Natur aus kooperieren, S. 9

1.1 Zur evolutionären Linie der Primaten

Die Humanevolution entspringt der Linie der Primaten, die innerhalb der *Klasse* der >Säugetiere< insbesondere mit den Nagetieren und den Hörnchen verwandt ist.

Die besondere Eigenart der Evolution der Primaten wird vor allem im Vergleich zu den ursprünglich verwandten Nagetieren augenfällig. Zu Letzteren kann gesagt werden:

„Das Weibchen kann mehrmals im Jahr Nachwuchs zur Welt bringen, die Trächtigkeitsdauer ist kurz und die Wurfgröße hoch. [...] So haben manche Hamsterarten mit nur 16 Tagen die kürzeste Tragzeit aller Plazentatiere und sind bereits mit sieben bis acht Wochen geschlechtsreif. Vielzitzenmäuse haben bis zu 24 Zitzen, und Nacktmulle können bis zu 27 Neugeborene pro Wurf austragen." [4]

Demgegenüber die (Eu-) Primaten mit ihren über 400 Arten:

„Generell zeichnen sich Primaten durch eine lange Trächtigkeitsdauer, eine lange Entwicklungszeit der Jungen und eine eher hohe Lebenserwartung aus. Die Strategie dieser Tiere liegt darin, viel Zeit in die Aufzucht der Jungtiere zu investieren, dafür ist die Fortpflanzungsrate gering. [...] Bei den meisten Arten überwiegen Einzelgeburten [...]." [5]

Die besondere Eigenart der Evolution der Primaten entstand durch ihre Ausrichtung auf besonders komplex-komplizierte Naturverhältnisse, in denen Intelligenz den entscheidenden Vorteil brachte. Dies war in dem evolutionären Prozess mit einer besonderen Gehirn-Entwicklung verbunden.

---

[4] Wikipedia: *Nagetiere. Fortpflanzung* (7.1.21, 5:23 Uhr)
[5] Wikipedia: *Primaten* (7.1.21, 5:29 Uhr)

Hierbei geht es um die Evolution des speziellen Gehirnbereichs des (*Neo-*) *Kortex,* auch *Großhirn* genannt (grau markiert):

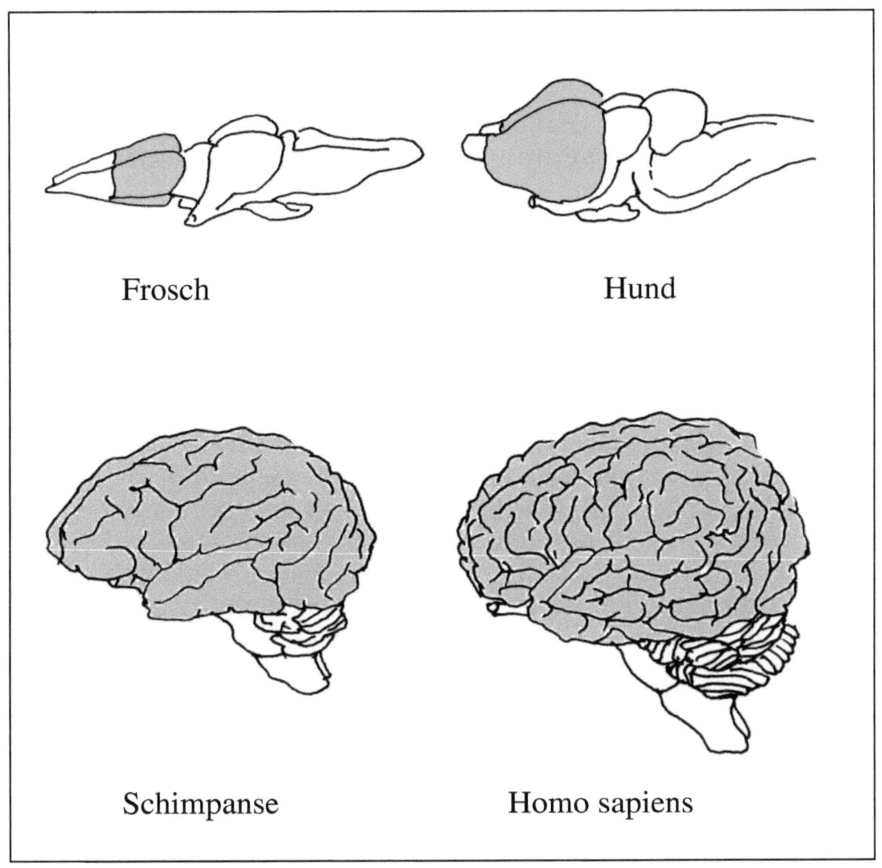

Nachzeichnung nach: Hoimar v. Ditfurth: *Der Geist fiel nicht vom Himmel, 7. Farbblatt nach S. 224*

Dieses Buch bietet eine gut lesbare ausführliche Abhandlung über „Die Evolution unseres Bewusstseins" (so der Untertitel), wenn es auch nicht mehr in allem aktuell ist.

1.2 Zur Evolution des Großhirns

*„Das erste Lebewesen, dessen Großhirn alle älteren Hirnteile
in der Entwicklung überflügelt hat, ist der Affe."* [6]

Das Gehirn entstand evolutionär aus der Entwicklung der Nervenbahnen, und es wurde mit den >höheren Lebewesen< immer komplexer.

Diese Entwicklung hatte ihre Gründe und ihre Vorteile, aber auch Folgen und Nachteile. Es wäre eine naive, aus dem Vorwissenschaftlichen stammende Vorstellung zu meinen: je größer das Gehirn, desto intelligenter und desto höher die Überlebensfähigkeit.

Denn der höhere Großhirn-Anteil bedeutet gerade nicht, mit mehr Intelligenz geboren zu werden. Das Gegenteil ist in gewisser Weise der Fall. Das höhere Maß an *angeborener* Intelligenz verknüpft sich mit dem >Reptiliengehirn<. Die Großhirn-Anlage stellt wohl Potential zur Entwicklung von Intelligenz zur Verfügung, doch ist ihr Erwerb ein Sachverhalt der Sozialisation. Je größer der Großhirn-Anteil im Gehirn ist, desto länger dauert folglich die Kindheit, und desto bedeutsamer wird, in ihr das wirklich Entscheidende zu lernen.

Wir werden sehen, dass Letzteres das Thema in dem humanevolutionären Prozess ist – aber deutlich anders, als es bislang in den gängigen Konzeptionen bzgl. der Humanevolution gesehen wird. Mitnichten ist die Großhirn-Anlage die große evolutionäre Erfolgsstory, wie sie bislang vorgestellt wird, weder in ihrer frühen Geschichte noch – mit Ausnahme des Menschen *unter sehr bestimmten Voraussetzungen* – nach der Stufe der einfachen Affen.

---

[6] H. v. Ditfurth: Im Anfang war der Wasserstoff, S. 270, vgl. S. 269, 323

18

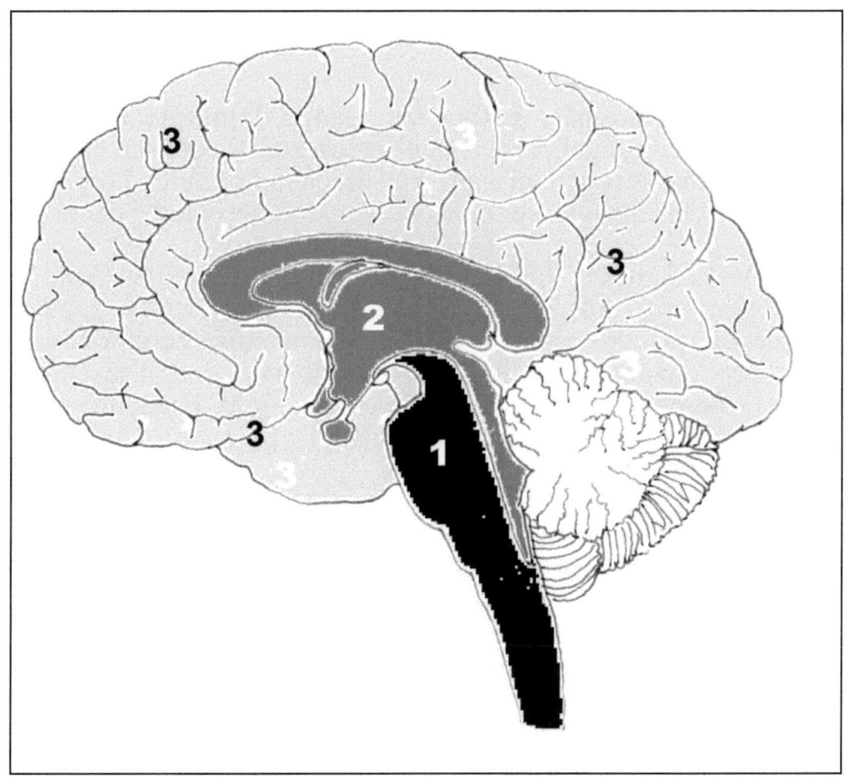

Nachzeichnung nach: Hoimar v. Ditfurth: Der Geist, S. 18 f., 84 f. , 226 f.

Menschliches Gehirn mit den drei grundlegenden evolutionä-
ren Stufen:

1 >unterer Hirnstamm< (schwarz),
2 >Zwischenhirn< oder „Reptiliengehirn" (dunkel)
3 >Großhirn< oder (Neo-) Kortex (hellgrau)

Die Großhirn-Anlage war evolutionär lange nur ein kleines Randphänomen, mit dem sich kleine Tiere wie später die Primaten eine Nische unter besonders komplexen Lebensverhältnissen erschließen konnten.

Der große evolutionäre Erfolg kam lange dem >Reptiliengehirn< mit seiner angeborenen Intelligenz zu, in dem die erfolgreichen Verhaltensformen ganz entsprechend anderer körperlichen Entwicklungen in der genetischen Anlage vererbt wurden.

„Der Vorteil dieser Situation besteht darin, dass allen Anforderungen und Aufgaben mit Verhaltensrezepten begegnet werden kann, die nicht bloß von einem einzelnen, sondern von den unzähligen Mitgliedern Hunderter und Tausender von Generationen der eigenen Art auf ihre Brauchbarkeit durchprobiert worden sind." (Ditfurth: Der Geist, S. 191)

Das große Handicap dieser Anlage besteht jedoch bei wechselhaften Naturverhältnissen und vor allem bei geologischen Umbrüchen. Dies betraf vor allem den besonderen Super-Gau vor ca. 66 Mio. Jahren, der alle größeren Lebewesen (etwa über 25 kg) und hierbei insbesondere die Dinosaurier auslöschte.

„Der Beginn des Zeitalters der Säugetiere [...] ist gekennzeichnet durch geologische Umwälzungen und klimatische Veränderungen [...]. Die kleinen Säugetiere, die fast hundert Millionen Jahre lang ängstlich und furchtsam über den Waldboden schnüffelten und Samen und Insekten suchten, ständig von gefräßigen Reptilien bedroht, hatten nun eine evolutionäre Chance." [7]

S. dazu bei Bedarf weiter bei Wikipedia: *Känozoikum* (Erdneuzeit).
Bzgl. der direkten Katastrophe vor 66 Mio. Jahren s.
Wikipedia: *Kreide-Paläogen-Grenze* und *Chicxulub-Krater*

---

[7] R. E. Leakey & R. Lewin: Wie der Mensch zum Menschen wurde, S. 40

1.3 Überblick der evolutionären Linie zum Menschen

Die Linie der **Primaten** zum >**Menschen**< ist **fett** gezeichnet

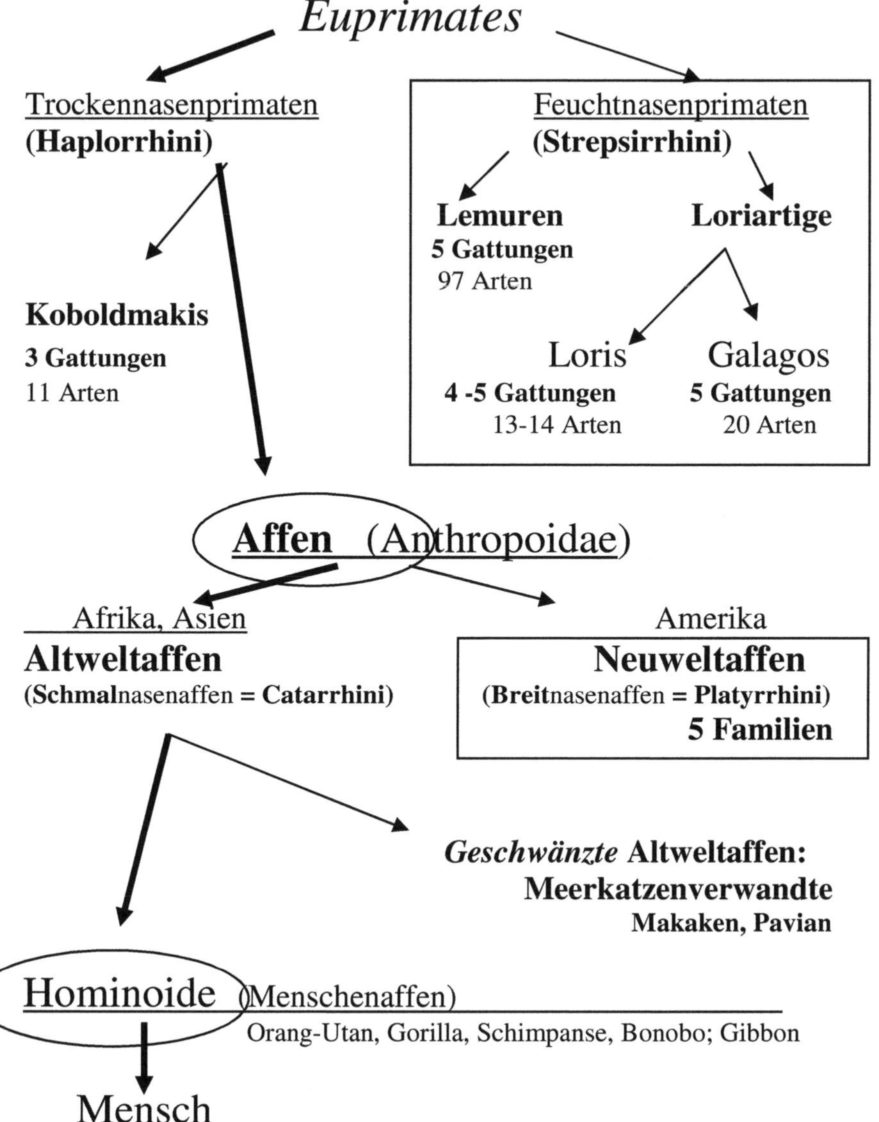

Überblick Hominoide >> Menschen

nach der in diesem Buch vertretenen Auffassung

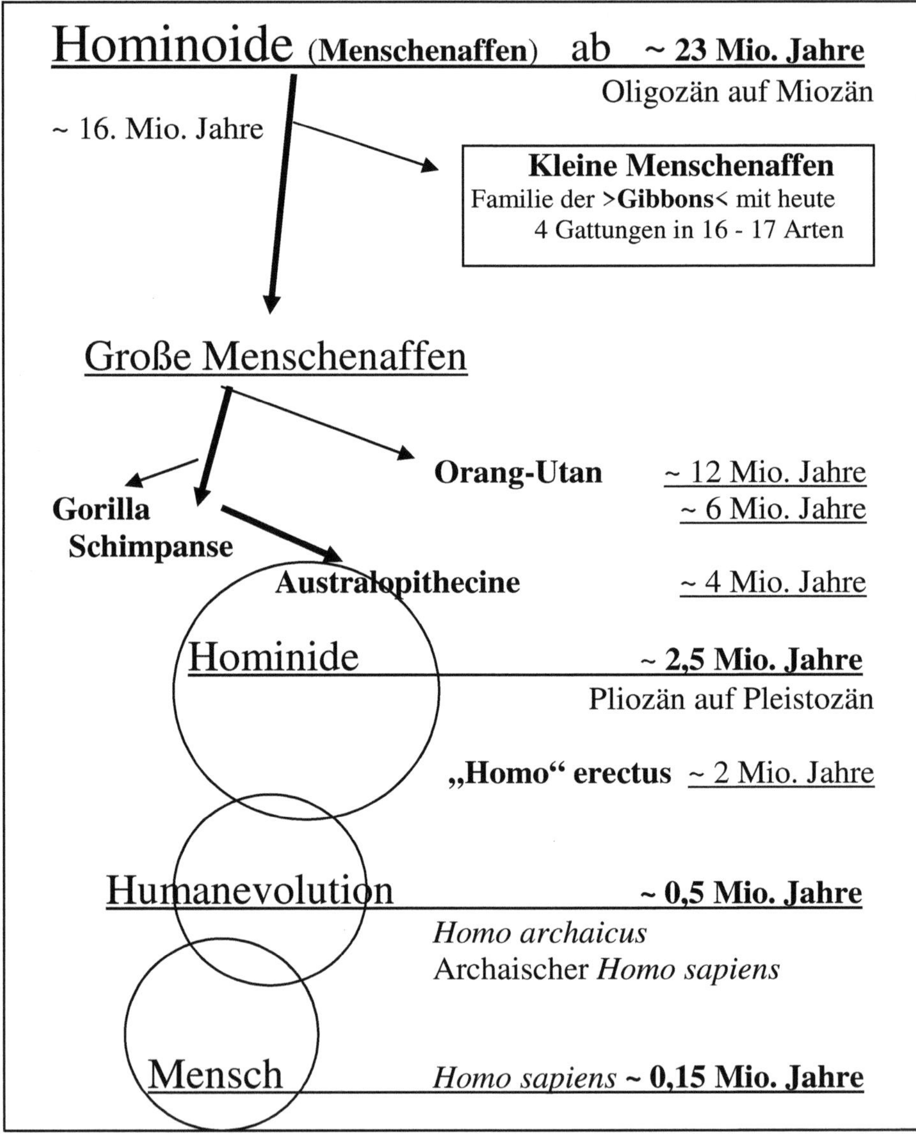

Die Evolution des Großhirn-Bereichs geht mit der Verlängerung der Kindheiten einher, da die Lern-Entwicklung der Sozialisation die biologische Form ist, das Großhirn neurologisch
zu „programmieren".
Dies bedeutet eindeutig, dass sich evolutionär Stufe um Stufe
der Anspruch der Großhirn-Intelligenz von der Ernährungsbesorgung auf ein qualifiziertes Sozialleben und – Verhalten
verlagert. So ist insgesamt festzustellen:

„Labortests zeigten deutlich, dass niedere Affen und
Menschaffen außergewöhnlich intelligent sind. Feldstudien
ergaben allerdings, dass zumindest beim Gewinnen des tägli-
chen Lebensunterhaltes diese Intelligenz kaum beansprucht
wird. [...] Mit anderen Worten, für einen nichtmenschlichen
Primaten in freier Wildbahn ist der Lernprozess über das
Vorkommen und vielleicht auch die Reifezeit von Nahrungs-
ressourcen ein intellektuelles Kinderspiel verglichen mit der
Vorhersage - und Beeinflussung - von Verhaltensweisen anderer Individuen der Gruppe." [8]

„Das Leben in Gruppen bringt sowohl neue Möglichkeiten
als auch neue Erfordernisse mit sich – Möglichkeiten, die
sich einzelnen Lebewesen nie bieten, und Erfordernisse, die
ihnen nie abverlangt werden würden. [...]
In der Evolutionsgeschichte der Affen geht die Fähigkeit zu
lügen mit dem wachsenden Vermögen einher, Lügen zu erkennen. Das Leben in Gruppen bietet außerdem die Möglichkeit, mit Seinesgleichen Bündnisse zu schließen. In Affenge-
sellschaften befähigen Bündnisse die Mitglieder der Gruppe,
sich gegen andere zusammenzutun. Dazu benötigen sie die
Fähigkeit, Ränke zu schmieden. [...] Intrigen und Betrug bilden den Kern der sozialen Intelligenz von Menschenaffen
und Affen."   Mark Rowlands, Der Philosoph und der Wolf, S. 78 f.

Von dieser Thematik her ist die humanevolutionäre Entwicklung zu begreifen.

---

[8] Roger Lewin: Spuren der Menschwerdung, S. 145 f.

Der evolutionäre Schub in der Großhirn-Entwicklung als Sachverhalt der **Hominiden**-Evolution

→ s. folgende Seiten

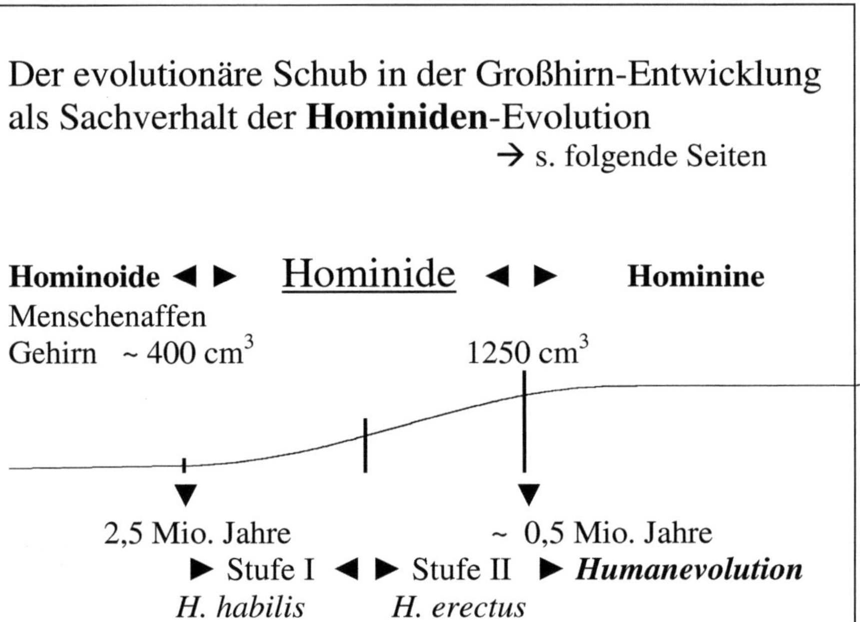

2 Das nicht fehlende >missing link<: Die Stufe der Hominiden

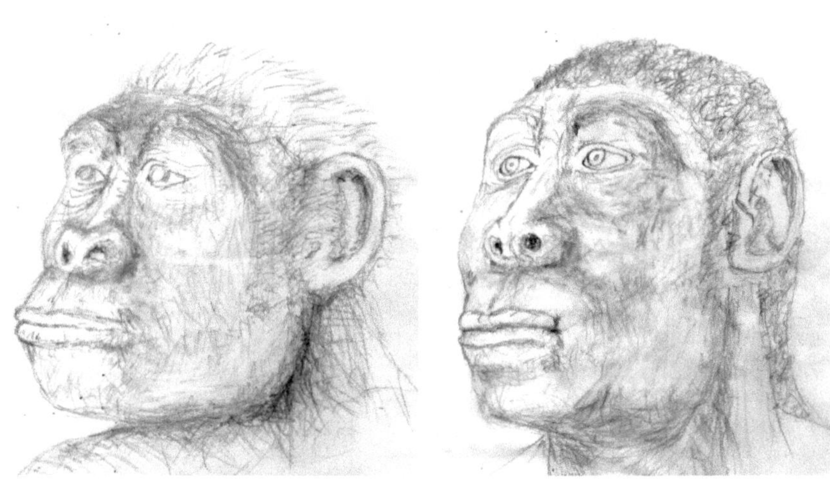

„Homo habilis“
Hominidus habilis

„Homo erectus“
Hominidus erectus

Nachzeichnungen nach Modellierungen in
GEO >Die Evolution des Menschen<, S. 24 ff.

Zwischen den >Menschenaffen< (Hominoiden) und der eigentlichen Humanevolution befindet sich eine eigene evolutionäre Stufe: die Stufe der Hominiden. Der grundlegende Unterschied zwischen den Hominiden und der erst eigentlichen Humanevolution wird in vielen gängigen Konzeptionen nicht adäquat erfasst.

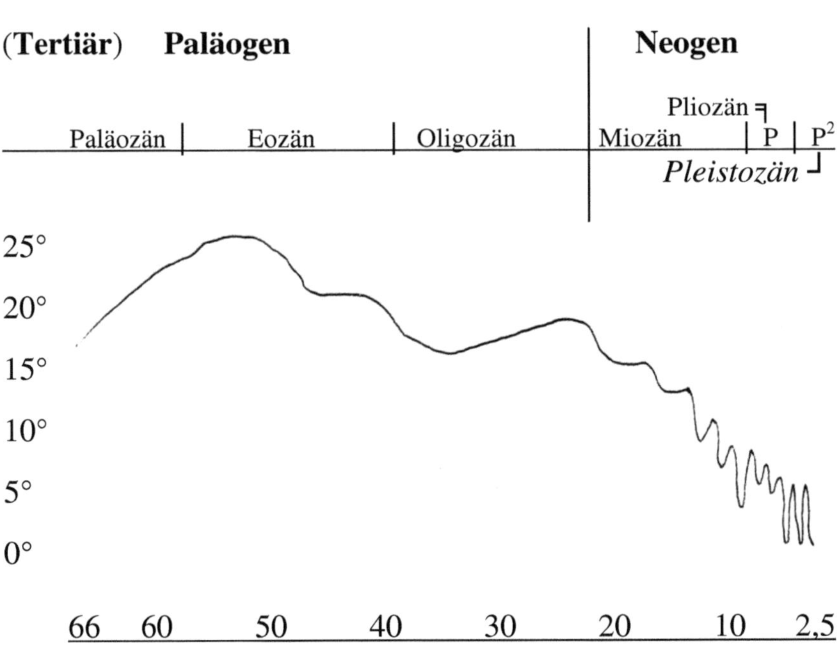

ᴸ Durchschnittstemperatur Grad Celsius in mittleren Breiten [9]

Die Evolution der >Menschenaffen< verknüpft sich mit dem besonders starken geologischen Umbruch vor ca. 22 Mio. Jahren. Auch die neue nachfolgende Stufe der Hominiden steht mit einem stärkeren geologischen Umbruch in Verbindung: dem Aufkommen der >Eiszeit<. Diese Eiszeit beginnt mit der Vereisung des Nordpols vor ca. 5 Mio. Jahren und nimmt mit dem Pleistozän vor ca. 2,5 Mio. Jahren eine noch schärfere Form an.

Die >Eiszeit< bedeutet jedoch in dem evolutionären Ausgangsgebiet der Hominiden in Afrika keine Kälte, sondern einen

---

[9] Nach: Roger Lewin: Spuren der Menschwerdung, S. 34

starken Rückgang des Regenwaldes, da die Luftfeuchtigkeit in guten Teilen in der Vereisung gebunden wird. So verknüpft sich der evolutionäre Schritt von den >Menschenaffen< auf die Hominiden mit dem fundamentalen Umbruch von einem Leben im Wald zu einem Leben in der Savanne. Damit ist nicht bloß die Umstellung vom Klettern auf das zweibeinige Gehen und die Umwandlung vom Fell zur Haut aufgrund der neuen Hitze verbunden (Haut mit Schweißdrüsen zur Kühlung). Vielmehr ist die Lebensform als Ganzes betroffen, auch im Bereich der Ernährung und in größeren Bedrohungen durch die Raubtiere der Savanne usw.

Dieser Umbruch von den >Menschenaffen< beginnt in den verschiedenen Arten der Australopithecinen, so bei dem Typus *Australopithecus afarensis* mit dem Ansatz zur Bipedie (zweibeiniges Gehen). Mit dem Pleistozän kommen vor ca. 2,5 Mio. Jahren die Befunde der Werkzeugtechnologie und einem neuen Schub an Gehirn-Entwicklung auf.

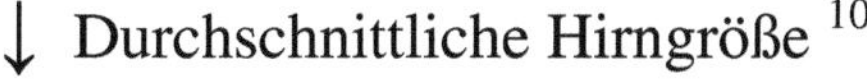

↓ Durchschnittliche Hirngröße [10]

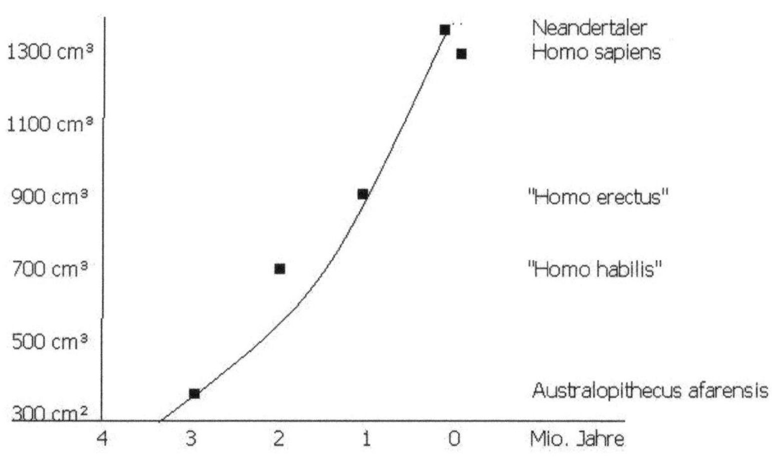

---

[10] Vereinfacht nach: Lewin: Spuren, S. 143. Der späte Homo erectus erreicht jedoch eine Gehirngröße im Spektrum unserer Art Homo sapiens.

2.1 Zur Evolution von Sprache und technologischer Intelligenz

„Eine Sprache verstehen, heißt, eine Technik beherrschen." [11]
Ludwig Wittgenstein

Die Stufe der Hominiden scheint mit der Evolution von Sprache und technologischer Intelligenz verbunden. Auch wenn es bislang keine Möglichkeit gibt, den Beginn der Evolution von Sprache direkt zu ermitteln, so stellt sich doch die Evolution von Sprache als die **Voraussetzung** für ein effektives Planungs-Denken wie etwa eine gezielte Werkzeug-Produktion, für ein bestimmtes Maß an Bewegungs-Präzision in der Handfertigkeit sowie in Verbindung mit dem evolutionären Schub der Großhirn-Entwicklung dar. Von daher lässt sich sagen:

„Die Mehrzahl der Fachleute bringt trotz dieser Unsicherheiten das enorme Wachstum insbesondere des Großhirns im Verlauf unserer Entwicklungsgeschichte mit einem wahrscheinlich schon frühen Auftreten des Evolutionsfaktors Sprache in Zusammenhang. >Wenn die Hominiden nicht die Sprache nutzten und verfeinerten, würde ich gerne wissen, was sie mit ihren selbst beschleunigt wachsenden Gehirnen taten<, bemerkte etwa die amerikanische Anthropologin Dean Falk 1989 in einem Diskussionsbeitrag ironisch, und auch ihr Kollege Terrence Deacon vermutete: >Die Sprache war die Hauptursache, nicht eine Folge des menschlichen Gehirnwachstums.<" [12]

„Dies ist umso wahrscheinlicher, als Werkzeugproduktion und Sprache nach Meinung vieler Fachleute auf miteinander

---

[11] Wittgenstein: Philosophische Untersuchungen, § 199, zitiert nach: A.C. Grayling: *Wittgenstein*, S. 99

[12] Martin Kuckenburg: Wer sprach das erste Wort? S. 58

korrespondierenden geistigen Fähigkeiten beruhen und ihre neurologischen Grundlagen sich daher im Verlauf unserer Evolutionsgeschichte Hand in Hand entwickelt haben dürften. >Die Handlungsabläufe bei der Geräteherstellung haben strukturelle Ähnlichkeit mit denen bei der Konstruktion eines Satzes<, urteilt etwa der bereits zitierte Prähistoriker Gowlett, und die Neurologin Kathleen R. Gibson schrieb 1988: >Gerätegebrauch und Sprache teilen eine gemeinsame neurologische Basis und dürften sich deshalb zusammen herausgebildet haben.“ [13]

Tatsächlich ist der Bestand und Erwerb von Sprache sogar für unser >Sehen< die Voraussetzung. Dass wir all die Momente unseres Sehens zu >erkennen< vermögen, ergibt sich ausschließlich darüber, dass wir ein *Wissen* darüber aufgebaut haben. Dies beginnt mit dem zeigenden >da< des Säuglings, der aufgrund der sprachlich bestimmten Gehirnstrukturen nun all die Objekte *wahrnehmen* und nach und nach kennen *lernt* und hierbei *gleichermaßen* ein Vokabularium wie ein Bewusstsein aufbaut. Das entwickelt sich zunächst als Zusammenhang. Dieser Zusammenhang zwischen >Sehen< und Sprache zeigt sich umgekehrt bei bestimmten neurologischen Störungen, wie z.B. bei dem Mann der Titelgeschichte in Oliver Sacks Buch >Der Mann, der seine Frau mit einem Hut verwechselte<.

Ein höchst bedeutsamer und neurologisch alles andere als selbstverständlicher Sachverhalt ist, dass sich mit Hilfe von Wörtern das >Bewusstsein< aktiv aufnehmen lässt. Mangels Wörtern ist es etwa den Schimpansen neurologisch nicht möglich, jenseits der Situation, wo er einen >Stock< braucht, sich einen Stock zu organisieren, weil er diese Absicht nicht im >Bewusstsein< halten kann. Selbst wenn er mit diesem Vorhaben loszieht, so wird ihn das geringste neurologisch wirksame

---

[13] Martin Kuckenburg: Wer sprach das erste Wort? S. 77 f.

Moment dies vergessen lassen. In dieser Hinsicht gilt in engster Form >Aus den Augen – aus dem Sinn<.

„Auf dieser Pyramide der Reizverarbeitung liegen die Sprache und die künstlichen Aspekte des menschlichen Geistes wie eine dünne Kruste. Diese dünne Kruste übt jedoch einen gewaltigen Einfluss auf den Menschen aus, da sie in der Lage ist, die Richtung des Verarbeitungsprozesses umzukehren. Tiere leben ausschließlich in der Gegenwart: alle ihre Sinneswahrnehmungen steigen wellenartig bis zur Spitze auf und verwischen dabei die Spuren früherer Wellen. Durch die Sprache ist es jedoch möglich, die Richtung umzulenken und Gedanken zurückzulenken. [...] Die dünne Kruste bewirkte also, dass das Gehirn nicht mehr nur einseitig von der Außenwelt angetrieben wurde, sondern dass es auch auf die sprachlich motivierten Gedankenketten in seinem Innern reagierte." [14]

Zu dem Thema >Sprache< und ihrer evolutionären Entwicklung bietet das Buch von John McCrone „Als der Affe sprechen lernte" eine gut lesbare Einführung, wenn dieses Werk auch nicht in jeder Hinsicht befriedigend ist, vor allem nicht, wo es sich dem historischen Bereich annähert.

Die Grundlagen des menschlichen Spracherwerbs sind angeboren und in spezifischen Strukturen im Gehirn angelegt (Broca-Zentrum, Wernicke-Zentrums usw.). Es spricht m. E. alles dafür, diese Entwicklungen der Kleinkind-Stufe als >Ontogenese der phylogenetischen Entwicklung< zu begreifen, d.h.: die **unteren Stufen** der kindlichen Sprach-Entwicklung als **Stufen** der Evolution der **Hominiden** als der Basis der späteren Humanevolution:

---

[14] John McCrone: Als der Affe sprechen lernte, S. 202

30

Hypothetisches

Modell:

Evolution von Sprache	Evolutionäre Stufe
Von **Lauten** zu **Wörtern**	**Hominiden I** (z.B. „Homo habilis")
Von **Wörtern** zu **2 + 3 Wort-Sätzen**	**Spätphase Hominiden I**
	▶ ▶ ▶
Sätze und **Satzfolgen** im Kontext von **Erledigungen** (von einfachen Anfängen bis später **beliebig komplex**)	**Hominiden-Stufe II** (z.B. „Homo erectus")

2.2 Zur Unterscheidung zwischen den >Hominiden< und >Mensch/Homo<

Mögen die Hominiden und der >Mensch< überaus ähnlich erscheinen, so gibt es in Wirklichkeit keinen Grund, selbst „Homo erectus" schon der eigentlichen humanevolutionären Entwicklung zuzurechnen. Weder die Gehirngröße noch Sprache noch die technische Intelligenz sind wissenschaftlich adäquate Kriterien und Komponenten in der Erfassung des humanevolutionären Prozesses, und dies berührt keine Nebensächlichkeiten. Von den sich insgesamt darstellenden Sachverhalten erscheint es höchst unwahrscheinlich, die humanevolutionäre Entwicklung schon mit „Homo erectus" in Verbindung zu bringen.

Die humanevolutionäre Entwicklung baut vielmehr auf den bei „Homo erectus" erreichten Stand auf, jedoch in einem grundlegenden evolutionären Richtungswechsel aufgrund der entstandenen evolutionären Problematik auf Leben und Tod. Ohne eine schon höhere Entwicklung von Sprache wäre der humanevolutionäre Prozess wohl kaum möglich gewesen, zumindest ergäbe sich ohne diese keine neurologische Erklärung dafür.

Doch von einer einfachen Verlängerung der hominiden Entwicklung kann hier keine Rede sein. Die Stufe der Hominiden scheint nicht ohne Grund ausgestorben zu sein, und auch die Humanevolution entkam dem nur überaus knapp. [15] Von einer großartigen Erfolgsgeschichte kann bis dahin überhaupt keine Rede sein.

---

[15] Man schätzt aufgrund des geringen genetischen Spektrums des Menschen, dass bei dem evolutionären Übergang nur noch eine Populationsgröße von einigen Tausend bestand.

Die Evolution der Hominiden und die Humanevolution haben entscheidend andersartige Hintergründe, und mit den beiden Evolutionen ist an sich eine entgegengesetzte Richtung in der neurologischen Entwicklung verbunden (s. Graphik nächste Seite).

Die Evolution der Hominiden war eine Reaktion auf den gewaltigen geologischen Umbruch zur >Eiszeit<, in dcm cin grundlegender Wechsel von dem evolutionär gewohnten Leben im Regenwald zu dem völlig andersartigen Leben in der Savanne zu verarbeiten war. In diesen zu einer evolutionären Krise ausgewachsenen Notstandsproblemen war der neue Großhirn-Schub, die Evolution von Sprache und der technologischen Intelligenz mitsamt der neuartigen Handfertigkeit ganz offenbar die entscheidende Lösung. Diese Entwicklung war sogar so erfolgreich, dass man damit nicht nur zu überleben vermochte, sondern eine so große Souveränität in den Naturbezügen entwickelte, dass die Hominiden sogar über den angestammten Kontinenten Afrika hinauskamen und sich auch über Europa und Asien verbreiteten.

Doch umgekehrt war dies auch alles, was diese Art der Entwicklung, nämlich die Verlängerung und Ausdifferenzierung des Großhirn-Potentials vermochte.

Die Evolution von Sprache und technischer Intelligenz bedeutete aber noch lange keine Ablösung von der genetischen Verhaltenssteuerung der Tier-Stufe und also noch keine Befähigung zur Aneignung seiner Intelligenz zur Entwicklung eines fähigen Soziallebens und von Lebensqualität.

---

[16] Der (Evolutions-) Biologe Josef H. Reichholf: Das Rätsel der Menschwerdung, S. 10

Graphische Veranschaulichung des Unterschieds in der neurolinguistischen Funktionslogik

Schwarz: die Verhaltenssteuerung im Zwischenhirn
weißer Kreis Großhirn (Neokortex)

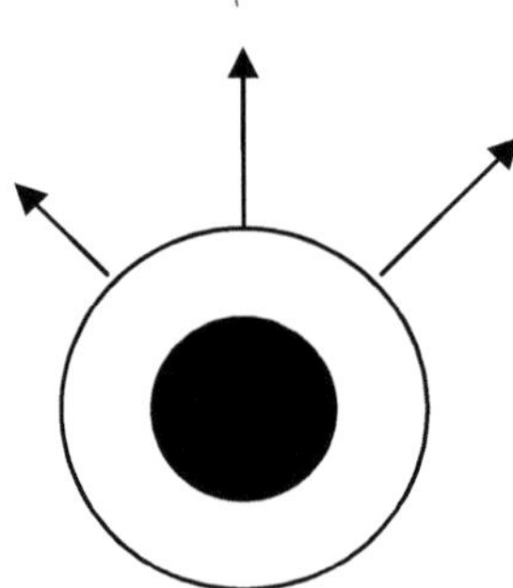

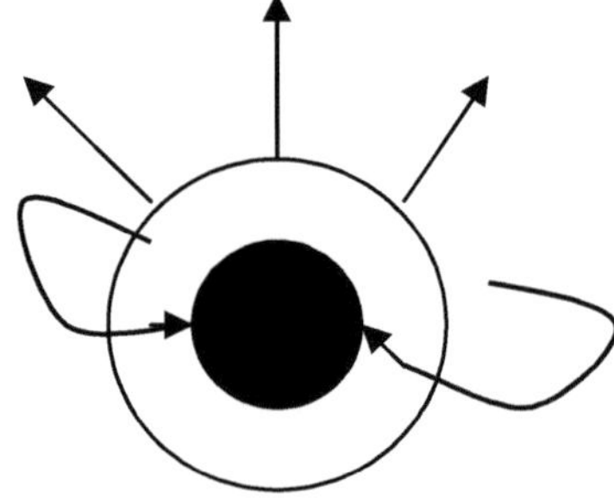

Hominide
Erweiterung der Fähigkeiten der
genetischen Verhaltenssteuerung

Sehen – Planen – Handfertigkeit
Technik

Vokabular & Grammatik

Homo sapiens
+ zusätzlich Befähigung zur
Selbststeuerung

+ Befähigung zur Gestaltung
d. Sozial- & Beziehungslebens
Kultur

+ Bilder & Geschichten
(Neuropsychogramme)

Alles was die Evolution von Sprache und technischer Intelligenz auf diesem Stand vermochte, war die Bewältigung von Überlebens-Anforderungen im Verhältnis zur Umwelt. Diese Art von Sprache aus lediglich Vokabular und Grammatik, die in der Humanevolution zur lediglich *äußeren Form* von Sprache wurde, war (modern formuliert) nur zu >Dienstleistungen und Produktion< qualifiziert. Mit ihr kann man nur Probleme lösen – oder produzieren.

In Hinsicht auf äußere Probleme war diese Anlage von Gehirn, Sprache und technischer Intelligenz überaus leistungsfähig. Doch ohne diese äußeren Probleme war sie mit ihren Konsequenzen in Bezug auf die Sozialisation und die Gehirnfunktionen letztlich weit zu umständlich und sozial zu unproduktiv, dass die Hominiden mit all ihren Fähigkeiten weltweit unabhängig von einander im Aussterben endeten, und dies evolutionär betrachtet sogar verhältnismäßig schnell. Sie erreichten mit ihrem großen Gehirn, mit all ihrer Sprache und ihrer technischen Intelligenz nicht einmal ein Zehntel des bisherigen Bestands der Menschenaffen, die immer noch existieren, wenn auch nicht so erfolgreich wie die noch älteren einfachen Affen oder gar die Mäuse usw.

Die Evolution der Hominiden war ein Produkt von Notstandsproblemen eines geologischen Ausmaßes: was nach dem Ende dieser Notstandsprobleme in eine evolutionäre Sackgasse geraten war.

Die Humanevolution kann ganz entsprechend nicht als eine Verlängerung der hominiden Entwicklung begriffen werden.

Sie entstand vielmehr daraus, dem Aussterben der hominiden Anlage zu entkommen. Dies war ihr effektiver >evolutionärer Druck<. Die humanevolutionäre Entwicklung ist an sich weder von einem weiteren Gehirnwachstum noch von neuer Technologie geprägt, sondern vielmehr von der Entwicklung des Spielerischen (→ Kap. 3) sowie - absolut bezeichnender Weise - von der Ablösung der genetischen Verhaltenssteuerung zur Befähigung zur Selbststeuerung. Erst damit wurde anstelle von Macht und Konkurrenzkämpfen ein fähiges Beziehungs- und Sozialleben auf der Basis von Kommunikation möglich, und erst damit konnte man seine Intelligenz zur Entwicklung von Lebensqualität nutzen.

<u>Zu dem Begriffs-Gebrauch:</u>

M.E. lässt sich der Begriff >Homo< erst mit dem Beginn der human-evolutionären Entwicklung vor ca. 0,5 Mio. Jahren nach der Stufe der Hominiden incl. „Homo erectus" ansetzen. Daraus ergibt sich ein veränderter Begriffs-Gebrauch. Das von Friedemann Schrenk darge-stellte Modell mit der Unterscheidung zwischen zwei Stufen des Archaischen Homo sapiens erscheint hier überaus passend, doch begrifflich abzuändern:

F. Schrenk [17]	**hier**	**seit etwa ***
Archaischer Homo sapiens I	Homo archaicus	500.000 J.
Archaischer Homo sapiens II	Archaischer Homo sapiens	300.000
Homo sapiens	Homo sapiens	150.000

s. Näheres → S. 139

* Die zeitliche Einschätzung kann nur recht grob erfolgen, da es zum einen Übergangsformen und zum anderen nur einen recht geringen Fundbestand gibt, was angesichts der damaligen Nähe zum Aussterben nicht verwundern kann. Diese Schwierigkeiten dürfen nicht dazu führen, die fundamentalen Unterschiede zwischen den Hauptstufen zu verkennen, doch dürfen diese Unterschiede auch nicht zu sehr an Einzelbefunden festgemacht werden.

> Wikipedia: Djebel Irhoud (4.2.21, 5:37): derzeit ältester Fund: Archaischer Homo sapiens 315.000 ± 34.000 Jahre
>
> Es gab dazu bei YouTube auch einen Arte-Film, der aber anscheinend inzwischen nicht mehr verfügbar ist.

---

[17] Vgl. hierzu: Friedemann Schrenk, Die Frühzeit des Menschen, S. 116

Teil II
Der Entwicklungsprozess der eigentlichen Humanevolution

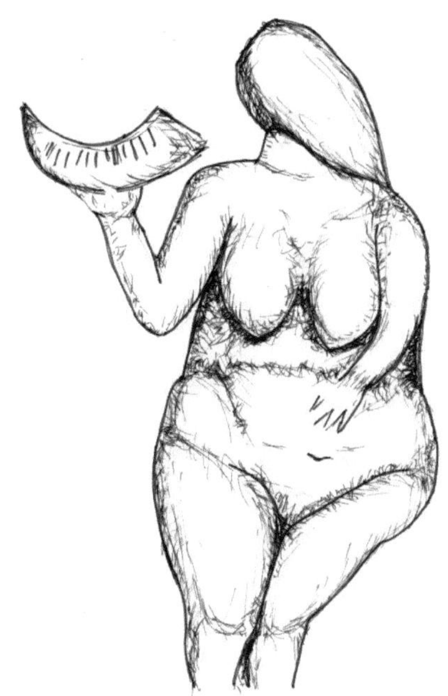

„Venus" von Laussel (F), Relief
Alter ca. 25.000 Jahre

S. dazu Original und mehr in Wikipedia: *Venus von Laussel*
(4.2.21, 6:52 Uhr)

*Mit einer wohl dem Sinn der paläolithischen „Venus"-Figuren ent-
sprechenden Felsmalerei beginnt bei den Ngarinyin-Aborigines der
dulwan nimindi (>Pfad des Wissens<) mit einer Personifikation von
Jillinya, der >***mother of all***<, deren Hände Gruß bedeuten. Es formuliert ihr Kulturkonzept vom Leben als Bewusstseins- und Persönlichkeits-Entwicklung (Jeff Doring: Gwion Gwion, S. 36 ff., die di-
rektesten Bilder S. 44 und 45)*

Die Nachzeichnung ist aus inhaltlichen Gründen sehr vereinfacht und der
>Pfad< aus graphischen Gründen hier auf etwa die Hälfte verkürzt gezeich-
net. Im Original ist die Farbe sehr verblasst, und die Konturen sind von dem
nicht ganz ebenen Felsuntergrund beeinflusst. Das Motiv ist nur ein Ausschnitt aus dem erheblich komplexeren Felsbild mit weiteren Figuren und
Symboliken. -

Mit der Evolution von Technologie und von Sprache ist das Eigentliche der Humanevolution noch gar nicht erreicht. Ganz im Gegenteil: es war vielmehr gerade diese Evolution von Technologie und von Sprache, die nach anfänglichen Lösungen vor das definitive Ende der höheren Großhirn-Evolution stellte.

Im grundlegenden Unterschied zu den vorausgehenden evolutionären Schritten steht die erst eigentliche humanevolutionäre Entwicklung jedoch **nicht** mit einem geologischen Umbruch in Verbindung.

Die eigentliche humanevolutionäre Entwicklung erklärt sich (schon von daher) weder aus besonders günstig werdenden Natur-Verhältnissen noch aus neuen Notstandsproblemen in der Versorgung, durch Raubtiere oder andere Naturprobleme. Sie erklärt sich vielmehr daraus, dass die hominide Entwicklung mit ihrer Entwicklung an Gehirngröße und des Ausmaßes an Sprache und Technologie wohl ein riesiges Potential bot, um von nun an sich höchst souverän und leicht leben zu können. Nur waren die Hominiden dazu mit ihren genetisch ererbten Verhaltensformen nicht befähigt, und so gerieten sie gerade mit diesem riesigen Potential ins Aussterben.

Die eigentliche humanevolutionäre Entwicklung lässt sich von daher ausschließlich in einer an sich absolut entgegen gesetzten Entwicklung begreifen, weil es diese äußeren Probleme jenseits der geologischen Umbrüche gemeinhin in diesem Maß gar nicht gab. Sie bestand vielmehr in der Entwicklung von Kultur und von >**kultureller Intelligenz**< als der Befähigung zur Selbststeuerung seines Verhaltens *zwecks* einem guten Beziehungs-Umgangs (auch in Sachen Liebe) und einem fähigen Sozialleben in Lebensqualität. Dieser Inhalt ist *absolut* eindeutig.

Erst die Entwicklung eines fähigen Soziallebens war der Garant für einen dauerhaften Bestand, drohte ansonsten gerade das vor ca. 2,5 Mio. Jahren entstandene Ausmaß an Großhirn-

Intelligenz samt Sprache und Technologie das Sozialleben entweder passiv durch Nebensächlichkeiten oder aber aktiv durch Konkurrenz, Macht und Gewalt zu ruinieren. Dies ist, wie es nicht bloß das Schicksal der Hominiden zeigt, keine künstliche Problemstellung.

Die Entwicklung von >Kultur< als menschlich fähig gestaltete Sozialverhältnisse war alles andere als einfach, und dazu brauchte es entscheidend mehr als nur technische Intelligenz. Diese Entwicklung war von den biologischen Gegebenheiten der Zwischenhirn-Verhaltens-Steuerung auch gar nicht in einem einzigen Schritt zu erreichen.

Vielmehr ist die Evolution von Kultur der Inhalt einer langen komplexen humanevolutionären Entwicklung, die auf sehr verschiedenen Sachverhalten aufbaut. Sie begründet sich zuerst in der weiteren Evolution der Kindheit: sowohl in dem Durchbringen neurologisch noch unreiferer Kinder als auch in der notwendigen Entwicklung einer neuartigen Dimension des >Spielerischen< (Kapitel 3).

Daraus resultiert auch eine völlig neue evolutionäre Sprach-Technik (Kapitel 4), die im Ergebnis überhaupt erst zu einer wirklichen Verhaltens-Steuerung befähigte und Kultur ermöglichte.

In dieser nun kulturell orientierten Sprach-Anlage lernten die Frühmenschen ihre menschlichen Gegebenheiten verstehen. Daraus entwickelten sie eine entsprechende kulturelle Sozialanlage samt den dazu notwendigen Bildungsprogrammen in Bewusstseins- und Verhaltens-Trainings (Stufe 2 mit den Kapiteln 5 und 6). In der Entwicklung von Persönlichkeit als der Fähigkeit zu Kommunikation und zu Beziehungen incl. Konflikt-Umgang (insbesondere im Geschlechter-Verhältnis und in Sachen >Liebe<) erreichte die humanevolutionäre Entwicklung Schritt für Schritt Kultur (=) als fähig gestaltete Beziehungs- und Sozialverhältnisse.

Das Ergebnis von Kultur in dem evolutionär notwendigen Maß muss schon unter dem Archaischen Homo sapiens erreicht worden sein. Anders könnten wir Homo sapiens nicht das >kulturale Wesen< sein: das genetisch auf die Installation der evolutionär vollgültig entwickelten Software namens Kultur angelegte Wesen.

Wann dieser Übergang von dem Archaischen Homo sapiens zu unserer Art Homo sapiens *insgesamt* erfolgte, ist bislang nicht exakter zu klären. Sicher ist, dass dieser Übergang vor der weltweiten Verbreitung des Menschen erfolgte, denn sämtliche Menschen verfügen über diese genetische Anlage. Unsere Art dürfte von den Funden her über 100.000 Jahre alt sein, nach derzeitigen genetischen Schätzungen etwa 150.000 Jahre. [18]

In etwa dieser Zeit wurde biologisch vollgültig der eigentliche Sachverhalt von Kultur erreicht: eine personale Identität als Befähigung zur Selbststeuerung, ein fähiges Beziehungs- und Sozialleben auf der Basis von Kommunikation und die neue humanevolutionär entwickelte Sprach-Technik. In dieser neuartigen Sprach-Technik waren die kulturalen Anforderungen von der Bewusstseins-Bildung ab der Säuglingsstufe bis zu seiner Kultur- und Rechts-Verfassung in einem integrierten Zusammenhang verarbeitet.

Denn erst damit konnte man über ein Sozialleben in Macht und Konkurrenzkämpfen hinwegkommen, das mit Sprache und der höheren Großhirn-Intelligenz noch ein ganz anderes Ausmaß erreicht hatte.

Erst damit und auch nur bei diesen Gegebenheiten erreichte diese evolutionäre Entwicklung ihren wirklichen Erfolg – und dann: was für einen!

---

[18] so nach Wikipedia: *Ausbreitung des Menschen.* Abschnitt >Stammbäume aus Mitochondrien-DNA<: Aufgrund einer Arbeit von 1987 verbreitete sich die Schätzung mit 200.000 Jahren, die inzwischen „auf vor 150.000 Jahren korrigiert wurde." 4.2.21, 6:50 Uhr

Aus der aus der humanevolutionären Kultur stammenden Verfassung der Ngarinyin-Aborigines (*Wunan* genannt):

„Alle teilen alles miteinander, Kinder ... Frauen ... Männer
Keiner ist ausgeschlossen ... alle gehören dazu,
Vögel ... alle Tiere ... Hunde
niemand bleibt draußen, alle gehören immer zum *Wunan* dazu
jeder ... auch die Tiere, die gehören alle zum *Wunan*
jedes lebendige Geschöpf gehört zum *Wunan* [...]
alle gehören zum *Wunan*, egal welche Sprache,
keiner bleibt draußen beim *Wunan*
es ist allen gemeinsam ... das ist das *Wunan*
Nach dem *Wunan* wird alles geteilt,
alles hat seine Ordnung ... keiner bleibt draußen
alle ... das *Wunan* ist eine einzige große Familie
Oh ja! Ein *Wunan* für alle" [19]

Dieser >Tisch< dieser kleinen Megalith-Anlage repräsentiert das Wunan

---

[19] Nyawarra, in: Jeff Doring: Gwion Gwion, S. 182 f.

Die humanevolutionäre Stufe I

„Denn, um es endlich auf einmal herauszusagen,
der Mensch spielt nur, wo er in voller Bedeutung des Worts
Mensch ist, und er ist nur da ganz Mensch, wo er spielt.“
Friedrich Schiller [20]

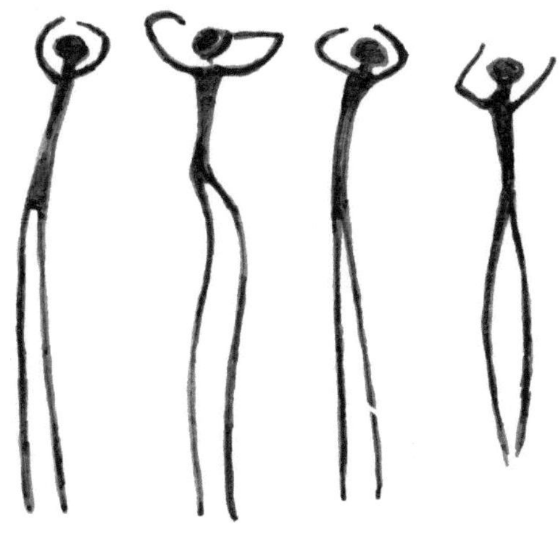

Nachzeichnung nach Emmanuel Anati, Höhlenmalerei, S. 182
Sahara, vermutlich Tanzszene, Ausschnitt (von mehr Figuren, die aber nur fragmentarisch erhalten sind), etwa am >Ende der Eiszeit<

---

[20] in: Friedrich Burschell: *Schiller*, S. 131

3 Vom Ursprung der Kultur im Spiel und in der Kindheit

3.1 Homo ludens

„Im Spiel haben wir es mit einer für jedermann ohne weiteres erkennbaren, unbedingt primären Lebenskategorie zu tun, mit einer Ganzheit, wenn es je etwas gibt, was diesen Namen verdient."
> *Johan Huizinga: Homo Ludens, S. 11*

„Vom Ursprung der Kultur im Spiel" ist der Untertitel des einstmals bekannten und sicher bei weitem noch nicht ausgeschöpften Werkes >**Homo Ludens**< von Johan **Huizinga** (NL 1938, deutsch wohl erstmalig 1956 erschienen).

Mit dieser – im Einzelnen vielfältig entwickelten – These trifft er in der Tat den entscheidenden Sachverhalt, der jedoch in den gängigen Modellen zur Humanevolution keinerlei Eingang gefunden hat. Das Problem war, dass zu dieser Zeit die humanevolutionäre Entwicklung erst wenige Anhalte in dem Fundbestand und einer paläoanthropologischen Forschung hatte, dass die früheren Konzeptionen weitgehend spekulativ entwickelt werden mussten.

Von dorther passte das auf >Werkzeuge< und >Arbeit< ausgerichtete Modell des 19. Jh.s mit seinem >Homo faber< weit besser zur vorherrschenden Ideologie (auch in der sozialistischen Variante). Dieses Konzept des >Homo faber< ist in Form von >Homo habilis< und >Homo ergaster< in die Wissenschaft eingegangen und gar zu wissenschaftlichen Bezeichnungen geworden. Wohl ist dieses Konzept nicht ohne jeden Anhalt, trifft es zu, dass die Entwicklung der Handfertigkeit und einiger Techniken eine der Voraussetzungen der humanevolutionären Entwicklung war. Doch verknüpft sich diese Entwicklung *evolutionär* mit der der Hominiden und nicht *eigentlich* mit der Humanenevolution.

Insofern liegt Huizingas Konzeption vom >Homo ludens< in Bezug auf die eigentliche humanevolutionäre Entwicklung entscheidend richtiger, und so sind seine Einsichten und Argumentationen für die Entwicklung einer wissenschaftlichen Konzeption der humanevolutionären Entwicklung aufzunehmen und noch ganz anders zu berücksichtigen.

Freilich ist dieses Werk auch nicht auf neuerem Stand. Insofern besteht das Problem, dass hier Sachverhalte der Säugetier- und Primaten-Stufe, Sachverhalte der postpleistozänen Kulturgeschichte und die spezifischen Sachverhalte der humanevolutionären Entwicklung nicht hinreichend unterschieden und spezifisch genug entwickelt werden. Einerseits geht die eigentliche Großhirn-Entwicklung schon immer mit einem >Spieltrieb< bei dem Nachwuchs einher, ist das >Spielen< die Form der neurologischen Besetzung der Großhirn-Anlage. Zum anderen wirkte sich auch die historische Entwicklung auf die Ausprägung des Bereichs des Spiels aus. Beides kann in diesen aufgeführten Formen nicht so ohne weiteres auf die humanevolutionäre Entwicklung und die paläolithische Kultur des *Homo sapiens* angewandt werden.

So besteht derzeit das Problem, dass dieser für die humanevolutionäre Entwicklung so entscheidende Bereich in der gängigen Literatur zur Humanevolution kein Thema ist. Von daher werde ich im Folgenden in kurzer Form ein paar eigene Erwägungen vorstellen.

Es sei jedoch darauf verwiesen, dass dieser Bereich für die Gebiete der Neurologie, der Logopädie, der Kunsttherapie und Theaterpädagogik sowohl für die Grundlagenforschung als auch für ein näheres Verständnis in der pädagogischen und therapeutischen Praxis von Bedeutung ist. Hier können die schon bestehenden Einsichten aus den verschiedenen Bereichen in Verbindung mit Anthropologie/Humanevolution noch ganz anders erschlossen und mit einander verbunden werden.

3.2 Zur Evolution des Spielens und des Spiels

Möglicherweise entstanden schon die ersten Steinwerkzeuge aus dem kindlichen Spiel des Zerdepperns von Steinen, und wahrscheinlich waren es wieder einmal die Kinder, die zum Entsetzen der Erwachsenen an Resten von Buschbränden anfingen, mit dem Feuer zu spielen. Auch die humanevolutionär entscheidende Weiterentwicklung von Sprache dürfte auf die Kinder zurückgegangen sein. Die Bedeutung der Erwachsenen ist evolutionär wohl regelmäßig eher darin zu sehen, dass sie die Bedeutung dieser von den Kindern im Spiel erfundenen Momente für die Praxis erkannten und aufnahmen.

Die evolutionäre Entwicklung von Kindheit und Spiel-Trieb geht mit der evolutionären Entwicklung der Großhirn-Anlage einher. Sie ist die Form, in der das mit dem Großhirn zur Verfügung gestellte Potential neurologisch aufgenommen und integriert wird. Entsprechend besteht eine Korrelation in dem Maß an Großhirn, an Spielen und in der Länge der Kindheit. Anders als bei den evolutionär älteren Formen ist die Kindheit bei der Großhirn-Anlage nicht bloß die Zeit, die es für das körperliche Wachstum braucht. Bei der Großhirn-Anlage ist die Kindheit in ihrer vollen Länge für die Erfahrungs-Entwicklung ausgelegt. Wo und inwieweit diese Entwicklung der eigenen Erfahrungs-Entwicklung durch irgendwelche Umstände eingeschränkt wird, da entstehen ggf. nicht bloß Leerstellen in der Intelligenz-Entwicklung, sondern evtl. auch fundamentale Störungen bzgl. der Intelligenz und Kreativität und ggf. auch psychischer Art. Je höher das Maß der Großhirn-Anlage ist, desto bedeutsamer wird der Bereich der kindlichen Erfahrungs-Entwicklung im Gesamtbereich der Verhaltens-Anlage. Darin liegt der bedeutsame evolutionäre Vorteil in der Großhirn-Entwicklung, aber auch die besondere Störanfälligkeit und Gefahr dieser Anlage. Bereits auf der Stufe der Schimpansen können diesbezüglich einige Problematiken beobachtet werden.

Dieser mit der Großhirn-Entwicklung verbundene >Spieltrieb< bedeutet evolutionär zunächst einmal, dass das kindliche Spiel im Eigentlichen seine biologische Bedeutung als Vorbereitung für eine optimale Überlebensbewältigung auf der Erwachsenen-Stufe hat. Dies ist auch immer noch die Grundlage in der menschlichen Sozialisations-Entwicklung und hat etwa in der – wohl mit den Hominiden entstandenen – Ausprägung der Phase des >Werksinns< (Erikson) seinen besonderen Ausdruck.

Doch verknüpft sich der Spieltrieb (als Lern-Entwicklung) seit den Menschenaffen und schon seit den einfachen Affen in dem eigentlichen Anspruch nicht mehr in Bezug auf die Umwelt und die Ernährung, sondern auf das Soziale. Die *primäre* Anforderung bezieht sich seitdem auf das Erlernen sozialer Kompetenz und die Ausbildung fähiger Sozialverhältnisse. Dies gilt für *Homo sapiens* erst recht. Hier endlich wird die Schaffung fähiger Sozialverhältnisse mit der Entwicklung von Kultur und >Persönlichkeit< erreicht (→ 6.2 >Identität + Personalität<).

Anders als bei der Tier-Stufe bleibt das Spielen in der humanevolutionären Entwicklung jedoch keine bloße Vorbereitung auf die Überlebens-Anforderungen der Erwachsenen-Existenz. Das Spielerische wird vielmehr zum Ausgang der Entwicklung der neuen Sozialaktivitäten: von Kultur, und hierbei zum entsprechenden Primat. Das Entstehen der kulturalen Dimension von >Lebensqualität< ist nicht im falschen Sinn als >Luxus< zu begreifen. Sie war vielmehr die Voraussetzung in der humanevolutionären Entwicklung zu *Homo sapiens* und der erst eigentliche erste Grund für den humanevolutionären Durchbruch aus der *evolutionären Sackgasse* der besonderen Großhirn-Entwicklung.

Die humanevolutionäre Entwicklung entstand daraus, dass der Spieltrieb in seiner Ausbildung der >Persönlichkeit< und an sozialer Kompetenz nun dahin kam, eine eigene neue Qualität auszubilden. Bei dem noch stärker ausgeprägten Spieltrieb bei dem neurologisch noch unreiferen Nachwuchs der humanevolutionären Linie erreichte der Spieltrieb nicht bloß soziale Kompetenz. Er erschloss mit seinem energetischen Überschuss auch die Erfahrung von Lebens-**Qualität**: die kulturelle Dimension. Dies war natürlich nicht mit irgendwelcher Spielerei zu haben. Das Spielerische musste der Verfassung der jeweiligen Persönlichkeit entsprechen, d.h. als >Authentizität< wie an Niveau, etwa in den Stufen der Sozialisations-Entwicklung.

Wir sehen hier die entscheidenden Unterschiede zu der Tier-Stufe. Trotz aller Intelligenz, trotz des hoch Sozialen und trotz der langjährigen Kindheiten mit Spieltrieb verfügen die Menschenaffen nicht über allzu viele Möglichkeiten zu spielen. Bei den Bonobos finden sich wohl bereits Ansätze von Spielen wie „Blinde Kuh" oder mit Grimassen. [21] Es macht jedoch den Eindruck, dass das hohe Ausmaß an sexueller Aktivität bei den beobachteten Bonobos auch aus dem Sachverhalt herrührt, dass sie sonst nicht zu viel über Möglichkeiten an Spielerischem und Kreativem verfügen. So kommt es zu dem Problem, dass die spielerische Interaktion leicht in negative Provokation umschlägt [22] - eine Problematik, die bei der weiteren Großhirn-Evolution als ein entscheidender Faktor in dem Aussterben der Hominiden einzuschätzen ist. Bei den Bonobos schien die hohe sexuelle Aktivität auch die Funktion zu haben, nicht tiefer in Frustration und Streit zu geraten, sondern sich befriedigende Erfahrungen miteinander zu schaffen. Diese Strategie scheint von daher bei der weiteren Großhirn-Entwicklung eine bedeutsame Rolle gespielt zu haben. Dies gilt erst recht für den Men-

---

[21] s. dazu: Frans de Waal: Wilde Diplomaten, S. 196 ff.

[22] „Doch bei jungen Menschenaffen können solche Spiele leicht in Kämpfe übergehen, und ich hatte das Gefühl, dass sich beide Weibchen diesem Punkt näherten. Dann kam ein neues Element ins Spiel. Als die Zeterei spannungsgeladener wurde, lud Louise Loretta zum GG [genitalen] -Reiben ein. Das geschah mehrmals während des Spiels, und der unglückliche Ausgang blieb aus." Frans de Waal: Wilde Diplomaten, S. 230

schen. Die Entwicklung des Sachverhaltes >Orgasmus< (im Sinne von W. Reich und A. Lowen) belegt, dass das Sexuelle *biologisch* entscheidend über die Funktion für die Fortpflanzung hinausgeht und also ähnlich wie bei den Bonobos eine *konstitutive* Bedeutung für die Funktionsfähigkeit des Soziallebens hat. Freilich reicht das allein noch nicht hin.

Mag wohl bei Kleinkindern und bei Notstandsverhältnissen der Anspruch an Niveau des Kreativ-Spielerischen gering liegen, so haben wir nicht den geringsten Grund, von dort her auf die eigentliche Anlage des *Homo sapiens* zu schließen. Ganz im Gegenteil deuten die gesamten Hinweise der evolutionären Entwicklung darauf, dass sich der eigentliche Anspruch in der Humanevolution mit der Entwicklung des Niveaus (nicht eigentlich auf das Technische, sondern) auf das Kreativ-Spielerische bezog, ergab sich erst daraus die evolutionäre Lösung der Hominiden-Problematik.

Zunächst war diese Entwicklung der Lautspiele wie *ei-tei-tei* und *du-du-du* im Kleinkind-Verhältnis schlichtweg eine Notwendigkeit im Durchbringen des neurologisch unreiferen Nachwuchses denn je. Doch wurden diese Lautspiele und ihre Weiterentwicklungen zu Singen, zu Erzähl-Geschichten, zu Bewegungs- (Sport, Tanz) und Theater-Spielen auch der neue Weg im humanevolutionären Prozess, der aus der evolutionären Sackgasse der Großhirn-Evolution und der bloß technischen Fähigkeiten herausführte.

Die kulturelle Evolution hat zunächst darin ihre Grundlage, dass die damit aufkommende Menschwerdung es verstand, sich noch anders denn je auf die Bedürfnisse der Kinder einzustellen, ihnen zu dialogisch fähigen Gegenübern zu werden und, so gut es ging, ihnen auf ihre Bedürfnisse abgestellte Verhältnisse zu stellen. Das heißt: die Entwicklung zum Menschen verknüpfte sich damit, dass man seine energetischen Überschüsse statt für Technik und >Affentheater< um Ränge und Geschlechtspartner in die Zuwendung zu seinen Kindern einsetzte.

Auf der *ersten* Stufe bedeutet die humanevolutionäre Entwicklung die *qualitative* Entwicklung der Kindheit: die Entwicklung des Kreativ-Spielerischen zur Erfahrung von Glück. Aus der Erfahrung dieses Glücks entstand dann die eigentliche Entwicklung zum >Menschen<. Es stellt sich also von den bislang ersichtlichen Fakten in der Tat dar, dass die alten Mythologien mit ihrer Auffassung von der Herkunft des Menschen aus dem >Paradies< soweit recht haben (→ 7.1).

Die Dimension des >Kreativen< entstammt von den Kindern, die Dimension >Erfahrung< von den Erwachsenen. Der Sachverhalt Kultur entstand daraus, dass beide Dimensionen in ein fähiges dialogisches Verhältnis gesetzt wurden.

3.3 Das freie Kreativ-Spielerische der Kinder als optimale Lern-Entwicklung

„Das Geheimnis des menschlichen Gehirns liegt gar nicht so sehr darin, dass es die Fähigkeiten besitzt, eine Vielfalt sehr spezifischer Aufgaben zu lösen oder Verhaltensmuster zu lernen, sondern dass es ganz einfach die Fähigkeit besitzt zu lernen [...]." [23]

„Die Wurzeln der Kreativität liegen in der Kindheit." [24]

---

[23] R. E. Leakey & R. Lewin: Wie der Mensch zum Menschen wurde, S. 187
[24] D. Goleman, P. Kaufman & M. Ray: Kreativität entdecken, S. 60

„Ich sehe in diesen Abenden den Ursprung ihrer Unbefangenheit im Busch und ihrer Vertrautheit mit den Tieren. Tippi besitzt keine Gabe, die vom Himmel gefallen ist. Jeden Abend hat sie gelernt. Jeden Abend war ihr Kopf beim Einschlafen voll von all den Erzählungen über Elefanten, Löwen, Schlangen oder Wildhunde, die die Abenteurer des Deltas zum Besten gaben, und sie hat davon geträumt. Später, als aus den Gestalten ihrer Träume echte Lebewesen wurden, wusste sie bereits alles über sie. " [25]

Dass das freie Kreativ-Spielerische - unter der Voraussetzung von Kultur - die optimalste Art zu lernen ist, ist auch aus der Pädagogik und Psychologie bekannt:

„Um die logischen Fähigkeiten von Tieren genauer zu bestimmen, setzte man junge Schimpansen in einen Käfig, in dem ein langer Stock lag, und platzierte gerade außer Armreichweite eine Banane. Die Schimpansen hatten noch niemals Gelegenheit gehabt, mit Stöcken zu spielen, und unternahmen auch keinen Versuch, den Stock in ihrem Käfig zum Heranziehen der Banane zu benutzen. Sie bemühten sich, die Banane mit der Hand zu erreichen, und gaben nach einigen vergeblichen Versuchen schließlich auf.
Eine andere Gruppe junger Schimpansen, denen man vor dem Test drei Tage Zeit gegeben hatte, mit Stöcken zu spielen, erkannten innerhalb von zwanzig Sekunden die Lösung. Ihr scheinbar zielloses Herumspielen hatte es ihnen erlaubt, ein reichhaltiges Wissensnetz über Stöcke aufzubauen. [...]

Mit Kindern im Alter von 3 bis 5 Jahren führte man ein ähnliches Experiment wie mit dem Schimpansen durch. Sie wurden vor die Aufgabe gestellt, zwei Stöcke zusammenzuschrauben, um damit Gegenstände zu erreichen, die am anderen Ende des Tisches auf einem Tablett standen. Kinder, denen man zunächst erlaubt hatte, mit Stöcken und Verbindungsstücken zu spielen, konnten das Problem nicht nur

---

[25] Alain Degré & Sylvie Robert: Tippis Welt, S. 154

schneller lösen als andere Kinder, die keine Gelegenheit gehabt hatten, solche Erfahrungen zu sammeln, sondern auch schneller als eine Gruppe von Kindern, denen ein Erwachsener die richtige Methode vorgemacht hatte." [26]

Entsprechend stellt der Hirnforscher Gerald Hüther fest:

„Deshalb können wir Menschen vor allem während der Kindheit auch so viel lernen. Aber eben nicht, indem uns schon früh Druck gemacht und Leistung abverlangt wird. Und erst recht nicht, wenn wir zum Lernen gezwungen werden und uns vorgeschrieben wird, was wir zu lernen haben. Damit dieses riesige Potenzial an Vernetzungsmöglichkeiten im Gehirn möglichst gut stabilisiert werden kann und die in unseren Kindern angelegten Talente und Begabungen zur Entfaltung kommen, müssten wir ihnen möglichst lange und in einer möglichst vielfältigen Lebenswelt Gelegenheit bieten, ihrer Entdeckerfreude und ihrer Gestaltungslust in allen nur denkbaren Bereichen nachzugehen. Mit anderen Worten: Sie müssen so viel und so oft wie möglich und auf so vielfältige Weise wie möglich – spielen dürfen." [27]

Dass das freie und von den Kindern selbst bestimmte Lernen durch kreativ-spielerische Aktivitäten die optimalste Form des Lernens und gleichzeitig auch die Form von Erfindungs-Geist wie die Schaffung von Lebensqualität war, machte diese Entwicklung evolutionär ökonomisch überaus rentabel und auch weit überlegen. Freilich hatte das selbst bestimmte Lernen bereits die Voraussetzung tauglicher und anregender Umwelt- und Sozialverhältnisse und dialogisch qualifizierter und zugewandter Bezugspersonen. Sonst ergibt sich leicht ein Lernen von Zeitvertreibung, Langeweile, Unkultur und Barbarei.

---

[26] John McCrone: Als der Affe sprechen lernte, S. 139 f.
[27] Gerald Hüther & Christoph Quarch: Rettet das Spiel! S. 39

3.4 Das im Spiel neu begründete Sozialverhältnis

„Jedes echte Spiel ist eine Schule des Gemeinsinns.“ [28]

Weit entscheidender als die optimierte Art zu lernen war, dass man durch die kulturellen Aktivitäten zu einem fähigeren Sozialverhalten fand und durch die hierbei erzielten Positiv-Erfahrungen in den kulturellen Aktivitäten auch zu einem völlig neuartigen Beziehungs- und Sozialverständnis.

„Wer spielt, begegnet dem anderen als einem Gegenüber auf Augenhöhe.“ [29]

Selbst bei den evolutionär primitiveren Spielen, die noch auf Konkurrenz aufbauen, will man, wo es wirklich um Spiel geht und kein Notstands-Problem wirksam ist, „Gegner und keine Opfer“. Mit der Entwicklung des Spielens und von Kultur kam man von dem Interesse von Dominanz und Ego zu dem Interesse der Ebenbürtigkeit und am Gegenüber des Anderen, denn allein auf diese Weise ließ sich der Reiz des Spiels und ein Niveau des Spielerischen erreichen.

Nichts dagegen, sich zu größeren Herausforderungen motiviert zu fühlen. Doch die kulturelle Sicht begreift den Anderen nicht mehr als Objekt und nicht mehr negativ als Konkurrenten. Selbst die Art von Spielen, die auf den alten evolutionären Mechanismen des Konkurrierens aufbaut, schafft durch das Spiel-Moment ein neuartiges Interesse am Anderen. Wo einer oder eine Partei immer gewinnt bzw. verliert, da vermag das Spiel

---

[28] Gerald Hüther & Christoph Quarch: Rettet das Spiel! S. 200
[29] Gerald Hüther & Christoph Quarch: Rettet das Spiel! S. 17

keinen Reiz bewahren oder entwickeln. Selbst diese Art von Spiel zielt, wo es wirklich Spiel ist, schon auf *qualifizierte* Gleichwertigkeit. Wir sehen hier also: die Gleichwertigkeit der Individuen in der humanevolutionären Kultur entsteht nicht etwa aus dem Abbau von Spannung, sondern in der Verwandlung des *negativen* Spannungspotentials von Konkurrenzkämpfen in eine *positive* Spannungslogik: in >Spannendes<, in >Herausforderungen<, in Erfahrungen von >Erfüllung< usw.

Wo die Bewusstseins-Entwicklung effektiv über das Kindliche und die Notstands-Ebene hinausgekommen ist und die Stufe von >Kultur< erreicht hat, wird die Kategorie >Sieg – Niederlage< unwichtig und *alles* zu einem Prozess von >Erfahrung<, selbst eine Niederlage in der Konkurrenz um eine/n Partner/in. Denn es geht dabei nicht um ein >Haben<, sondern um das >Sein< (vgl. E. Fromm), um das >Echte<, um Entwicklung usw.

Bei den höheren: effektiv kulturellen Spielen und Aktivitäten wie etwa Musik, Kunst, Tanz, Erzählen, Poesie, Theater, Reisen, Forschung usw. geht es im Eigentlichen überhaupt nicht mehr darum, besser zu sein als andere, sondern um ein Erreichen von Niveau, das man als befriedigend, erfüllend und/oder Herausforderung erfahren kann.

Bei dieser Entwicklung versteht sich, dass das Entscheidende einer positiven Spannungslogik letztlich nicht auf den Sachebenen liegt, sondern auf der Sozial-, Beziehungs- und der Persönlichkeits-Ebene. Ganz entsprechend ergibt sich ein Interesse an Lern- und Persönlichkeits-Entwicklung ganz aus sich selbst heraus, um sich Lebensqualität zu erschließen. Dabei entsteht auch das Interesse, die Entwicklung Anderer und des Soziallebens zu unterstützen und zu fördern, denn je mehr Niveau entsteht, desto spannender wird das Leben, und desto mehr Lebensqualität eröffnet sich.

Von hier aus kommt es zur humanevolutionären Entwicklung von Personalität (→ 5.2) und zu einer Sicht des Anderen als *Subjekt* und **Du**. Die – freilich erst kulturell angelegte - Sprache hatte hier die entscheidende Bedeutung, die Innenperspektive des Anderen kennen und verstehen lernen und aufgrund dessen Kommunikation (im eigentlichen Sinn) entwickeln zu können (→ 4.5). Dies ermöglichte ein völlig neuartiges Verhältnis im Sozial- und Beziehungs-Leben.

Auffällig wird diese Entwicklung im Geschlechter-Verhältnis. Eros bedeutete auf der Tier-Stufe eher den Kampf gegen die Konkurrenz der eigenen Geschlechtsgenossen als sonderlich viel Zuwendung zu dem Geschlechtspartner. Hier kann dem riesigen Aufwand für die Erringung erotischer Attraktivität und dem bittersten Kampf gegen die Konkurrenz doch eine erstaunliche Dürftigkeit im Kontakt zum Partner gegenüber stehen. Ggf. beschränkt sich dieser gar auf das Erreichen eines einzigen Paarungs-Aktes. In der humanevolutionären Entwicklung entsteht aus der Entwicklung von Personalität eine völlig neue Dimension an >Beziehung< (→ 4.5). Dies im Geschlechter-Verhältnis jedoch als >Monogamie< zu beschreiben - was eine *biologische* Kategorie an Verhaltens*mechanismen* darstellt (wie sie sich etwa bei den Vögeln findet) -, lässt befürchten, dass da das Eigentliche von >Beziehung< beim Menschen nicht verstanden worden ist.

„Sozialer Rhythmus

Es scheint ganz selbstverständlich zu sein: Beim Musizieren oder Tanzen sind die Partner darauf bedacht, aufeinander zu hören und ihre Bewegungen einem gemeinsamen Rhythmus anzupassen. Doch diese Fähigkeit zur >rhythmischen Synchronisation< unterscheidet den Menschen sogar von seinen nächsten Verwandten: Gorillas und Schimpansen trommeln zwar auch gern auf Brust und Baumstamm, kommen aber nie auf die Idee, ihr Trommeln mit dem eines Artgenossen abzustimmen.

>>

Sebastian Kirschner und Michael Tomasello vom Max-Planck-Institut für Evolutionäre Anthropologie in Leipzig haben dieses typisch menschliche Verhalten näher untersucht. Sie stellten fest, dass Kinder schon im Alter von zweieinhalb Jahren spontan und ohne Aufforderung ihre Bewegungen einem akustischen Beat anpassten, selbst wenn dessen Tempo ihrem eigentlichen Körperrhythmus abwich.

Noch besser gelang dies den kleinen Probanden allerdings, wenn ein menschlicher Partner den Rhythmus beim Trommeln vorgab. Als die Forscher einen >drum computer< einsetzen, sank bei den 36 Kindern verschiedener Altersstufen die Bereitschaft zur Synchronisation erheblich.
Kirchner und Tomasello sehen dies als Beleg dafür, dass sich menschliche Musikalität im sozialen Kontext entwickelt hat und nicht etwa nur ein abstraktes Nebenprodukt unserer allgemeinen kognitiven Fähigkeiten ist.

In einem Folgeversuch wollen die Wissenschaftler nun herausfinden, inwieweit gemeinsames Musizieren die Bereitschaft von Kindern fördert, einander zu helfen. Nach ihrer Theorie zum sozialen Ursprung der Musik werden die Gemütszustände der Musizierenden durch gemeinsames Singen und synchrone Bewegungen ausgeglichen. Dies stärkt das Einfühlungsvermögen und die Verbundenheit mit der Gruppe. Trommeln für eine bessere Gesellschaft!“ [30]

S. dazu auch:
Max-Planck-Institut für evolutionäre Anthropologie:
www.mpg.de/eva-de

Dort auch Hinweise auf Literatur

---

[30] GEO Mai 2009, S. 155

„Die Bedeutung dieser kritischen kognitiven Komponente für die normale Entwicklung ist bereits in einem sehr frühen Alter zu erkennen. So beginnen Kinder normalerweise gegen Ende des ersten Lebensjahres ein Verhalten zu zeigen, das als gemeinsames Interesse bezeichnet wird. Beispielsweise können sie einzig deshalb [!!!] auf etwas deuten, weil sie ihr Interesse daran mit jemand anderem teilen wollen. Wenn autistische Kinder auf einen Gegenstand zeigen, dann nur, weil sie ihn haben möchten." [31]

Wir sehen hier von vorne herein: die neue und erst eigentliche Dimension des Spielerischen hat das **Subjekt** in einem dialogischen Beziehungs-Interesse zur Voraussetzung. Das Spielerische kann nicht diktiert werden (dann verliert es seinen eigentlichen spielerischen Charakter), es kann nur >angeregt< werden. Die eigentliche Dimension des Spielerischen als Erfahrung und Schaffung von Lebens-**Qualität** und *Kultur* ergibt sich durch den Subjekt-Charakter, der insgesamt mit den Sachverhalten Persönlichkeit/Selbststeuerung, Beziehung und Kultur korrespondiert.

„Wussten Sie eigentlich, dass …
…man die Dosierung von Anästhetika durch die Trancewirkung, die Musik auf den Patienten hat, um bis zu 70 Prozent absenken kann?
… Musik die Ausschüttung von Beta-Endorphinen auslöst, die u.a. die Schlafbereitschaft erhöhen?"

Aus: Arte Magazin, Oktober 2009, S. 39

---

[31] Uta Frith, Autismus, in: Berthold Riese: Schrift und Sprache, S. 36

„Singen macht glücklich und stärkt das Immunsystem"

Artikelüberschrift in: WZ Wuppertal, 6.10.09, S. 18

„Rhythmus kann man nur lösen, entbinden. Rhythmus ist kein Abstraktum, Rhythmus ist das Leben selbst. Rhythmus wirkt und bewirkt, er ist die einigende Kraft von Sprache, Musik und Bewegung."
Carl Orff [32]

Australien, Felsbild in Rot; Nachzeichnung nach E. Anati: Höhlenmalerei S. 393. Tanzszene? Ausschnitt aus einer unvollständigen Vorlage

---

[32] Lilo Gersdorf: *Orff,* S. 56

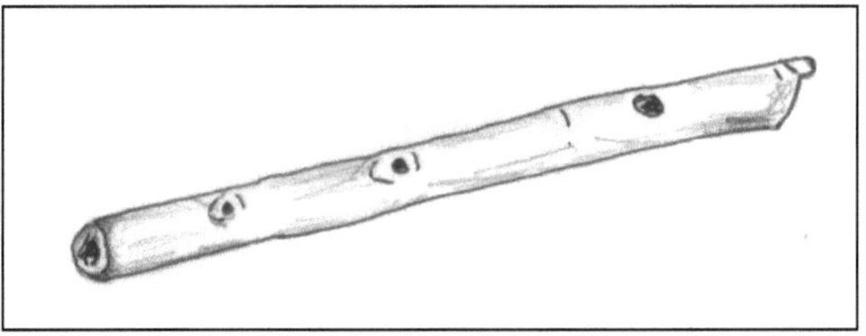

„Die Flöten vom Geißenklösterle datieren um rund 35.000 Jahre vor heute. Die Spielbarkeit der Flöten aus dem Geißenklösterle wurde durch Experimente von Friedrich Seeberger mit nachgeschnitzten Flöten in überzeugender Weise belegt (Seeberger 2003)."

G. Uelsberg & S. Lötters: Roots/Wurzeln der Menschheit, S. 237

Dazu: „>Wir können daraus schließen, dass die Musik eine wichtige Rolle im Leben der Menschen spielte<, schreiben die Forscher. dpa"

(WZ 16.07.09, S. 27)

„>Churinga< oder Raute-Musikinstrument aus verziertem Bein, mit konzentrischen Kreisen und Linienmotiven. Saint Marcel, Frankreich; Jungpaläolithikum. Das Instrument wird an eine Schnur gebunden und kreist um sich selbst, wobei es eine Schwingung in der Luft auslöst. Je nach Art und Schnelligkeit des Gebrauchs bringt es verschiedene Töne hervor. Die kreisförmigen Zeichen, die den Gegenstand verzieren, scheinen seine Funktion zu bezeichnen."   Text + Nachzeichnung nach: Anati: S. 244

3.5 Spiel und Kultur: die neue Dimension des
>Interesses an der Welt<

Was bei der humanevolutionären Entwicklung des Spiels von
Bedeutung wurde, ist, dass hierdurch das Kind seine *eigenen*
Möglichkeiten und sein *eigenes* Verhältnis zur Welt erschließt:
dass seine *Bedürfnisse* und es als *Person* von Bedeutung werden. Dadurch entstehen auch ein evolutionär neuartiges >Inte-
resse an der Welt< und an >Lebens*qualität*<. Darin kann sich
das mit dem Großhirn verbundene energetische Potential endlich frei, produktiv und ohne die Probleme der Rückwirkungen
des Technischen entfalten.

Für diese Entwicklung hat der Schimpanse nicht allzu viele
Möglichkeiten. Deswegen bleibt sein Interesse bei allem Sozialen letztlich doch auf die Reproduktionslogiken beschränkt. Er
bildet die *neurologische* Basis nicht aus, sich „einfach so" für
eine anstrengende Bergtour oder eine gefährliche Höhlenerfor-
schung oder Bootsfahrt usw. begeistern zu können (entsprechende Beobachtungen wurden auch bei dem Befund der Hominiden gemacht, was nach dem hier vorliegenden Konzept
logisch wäre - aber mit Neurologie und nichts mit „Faulheit"
zu tun hat).

Doch gerade solche Aktivitäten und Unternehmungen bildeten
in der menschlichen Geschichte das entscheidende *Surplus* für
die Notfälle wie für die Weiterentwicklungen. Wo die Hunde
ins Dämmern verfallen und wo die Menschenaffen – vom
Standpunkt menschlicher Kultur - mit nicht sonderlich qualifizierten Sozialaktivitäten zwischen Spiel, Konkurrenz und Streit
den wesentlichen Teil ihrer Energien verbrauchen, kam die
humanevolutionäre Entwicklung über die Evolution der Kindheit dahin, die großen vorhandenen Freiräume für kulturelle
Aktivitäten nutzen zu lernen. Diese machten >Spaß< und/oder
waren >interessant< oder regelrecht >spannend< und >erre-
gend< (Krimi, Fußball usw.). Daraus entstand eine neuartige
neurologische Basis für Aktivitäten und *Kreativität.* Damit

60

ergab sich ganz spielerisch „nebenbei" ein kaum zu überschätzender Überschuss an Energien, Erfahrungen und Handfertigkeiten, was für viele Entdeckungen und Entwicklungen von Bedeutung wurde, aber auch dafür, als Erwachsener manche Strapazen durchhalten zu können.

Auch wenn es zunächst keine Absicht gewesen war, sondern es einfach aus den Reaktionen der Kinder heraus entstand, so liegt doch genau in der Bedeutung der Geschichten und Spiele für die freie Entfaltung der neurologischen Sozialmuster der Grund, warum die humanevolutionäre Entwicklung des Spielerischen auch auf der praktischen Ebene von solcher Bedeutung wurde. Erst mit dem selbst bestimmten Beherrschen seiner Sozialmuster konnte das Intelligenz-Potential wirklich erschlossen werden. Dafür legten die Geschichten und Spiele die Basis. Durch das Sprachliche und die Entwicklung einer wirklichen Erzähl- und Spiel-Kultur fand der besondere kindliche Spiel-Trieb der Säugetiere gänzlich neuartige Möglichkeiten für seine Dränge, Neugier und Fantasien. Durch solche Geschichten und Aktivitäten entstand das >Interesse<, >einfach mal so< auf die Berge oder „hinter die sieben Berge", vielleicht gar bis „an die Enden der Welt" aufbrechen und in den Himmel fliegen zu wollen. Ganz nebenbei erbrachten diese >Abenteuer<, Experimente und Unternehmungen immer wieder Erfahrungen und Entdeckungen, dass diese Aktivitäten auch praktisch lohnten.

Daraus begründete sich der große Erfolg dieser humanevolutionären Entwicklung. Doch lag das Entscheidende nicht eigentlich in dem Praktischen – es bestand soweit insgesamt gar keine Notwendigkeit dafür, und darin lag auch nicht der eigentliche Gewinn. Das evolutionär Entscheidende lag darin, dass man damit aus den engen und reichlich unproduktiven Formen des Sozialverhaltens heraus kam und in ihnen endlich die Basis fand, Lebens*qualität* zu erschließen. Das Entscheidende war, dass man in dem Kreativ-Spielerischen >Geist< und >Witz<: ein evolutionär neues Potential an >Persönlichkeit< entwickelte. Hier musste man sich nicht mehr nur miteinander >arrangieren<. Hier wurde/n in der Entwicklung des Spielerischen der/die Andere/n zu Partnern im Erschließen von

>Witz<. Mit diesem Umschlag verknüpft sich der entscheidende humanevolutionäre Schritt. Die humanevolutionäre Entwicklung begründet sich in dieser neuen Sicht des Lebens und an Sozialerfahrung.

„Kleine Kinder hegen eine echte, tiefe Liebe zur Natur, eine unersättliche Neugier und einen Sinn für das Wunder winziger Kleinigkeiten. Sie bestaunen mit offenem Mund einen Marienkäfer, der einen Halm hinaufkrabbelt, oder hocken sich auf den Boden, um eine Ameisenarmee dabei zu beobachten, wie sie ein Blatt zu ihrem Ameisenhügel trägt. Sie blasen Pusteblumen und schauen den Fallschirmen beim Wegfliegen zu. […] Draußen zu sein weckt die Ausgelassenheit in den Kindern, die Lust, durch den Wind zu laufen, sich Grasabhänge hinabzurollen, Bäche hinaufzupaddeln, am Strand Rad zu schlagen oder barfuß im Regen zu tanzen. Wenn sie einmal draußen sind, kommt die Motivation und Fantasie zum Spielen von selbst. Aber auch dann brauchen sie immer noch verantwortungsvolle Erwachsene, die die Zeit und Energie finden, sie mitzunehmen – und die ein paar Spielideen in petto haben. […] Das Wichtigste ist ohnehin, die Freude und Begeisterung des Kindes zu teilen, ob es nun einen Schmetterling oder Wurm, eine Vogelfeder oder einen Kaninchenschädel entdeckt hat."[33]

Das hier zitierte Buch „**Spielplatz Natur**" bietet eine Fülle an Anregungen, wie die Natur gleichermaßen als Spielraum, als Erlebnisraum, in seinen Gegebenheiten zur Schulung der Sinne (z.B. Gerüche, Spiele wie >Blinde Kuh< usw.) und der Wahrnehmung und damit bereits als Beginn eines „Biologiestudiums" aufgenommen werden kann.

---

[33] Fiona Danks & Jo Schofield: Spielplatz Natur, S. 13

3.6 Laut-Spiele, Singen, Geschichten und Märchen

„Singen ist die eigentliche Muttersprache des Menschen."
Der Geigenvirtuose Yehudi Menuhim [34]

„Kleine Kinder lieben Geschichten und wollen immer wieder welche hören. Sie können komplexe Zusammenhänge begreifen, sobald man sie ihnen in Form von Geschichten präsentiert [...]." [35]

„Märchenstunden sind die höchste Form des Unterrichtens." [36]

„Ein guter Lehrer wird Geschichten erzählen. [...] *Geschichten* treiben uns um, nicht *Fakten*. Geschichten enthalten Fakten, aber diese Fakten verhalten sich zu den Geschichten wie das Skelett zum ganzen Menschen. Wer glaubt, beim Lernen gehe es darum, Fakten zu büffeln, der liegt völlig falsch; Einzelheiten machen nur im Zusammenhang Sinn, und es ist dieser Zusammenhang und dieser Sinn, der die Einzelheiten interessant macht. Und nur dann, wenn die Fakten in diesem Sinne interessant sind, werden wir sie auch behalten." [37]

Die evolutionär neuartige Dimension und Qualität des Spielens hat in dem Bereich Sprache ihre Grundlage. Angesichts der entscheidend höheren neurologischen Unreife des menschlichen Nachwuchses zum Zeitpunkt seiner Geburt kam dem Sprachlichen im Umgang mit diesen Säuglingen eine entscheidend höhere Bedeutung zu. In der hohen Unbeholfenheit der

---

[34] laut: Wuppertaler Rundschau, 1.5.2010, S. 7
[35] Oliver Sacks: Der Mann, der seine Frau, S. 242
[36] So der Hirnforscher Gerald Hüther: Was wir sind, S. 164
[37] (Der Neurowissenschaftler) Manfred Spitzer: Lernen, S. 35

Säuglinge war das Sprachliche der erste Bereich ihrer Möglichkeiten. Die Verwendung von Sprache im Umgang mit den Säuglingen verhinderte, dass die neurologische Unreife zu einer – evtl. gar tödlichen – Behinderung erwuchs. Dass aber die Sprache bereits in diesem neurologisch so frühen Zustand wirksam wurde, schuf die physiologische Voraussetzung dafür, dass das Sprachliche fundamental in das neurologische System integriert wurde. Dies wiederum war die Voraussetzung dafür, dass Sprache nicht bloß wie wohl bei den Hominiden eine Verlängerung der genetischen Verhaltenssteuerung blieb, sondern auch die Möglichkeit zur Selbststeuerung des Verhaltens erschloss. Hier hat das Sprachliche zunächst nicht die Funktion von Problemlösungen und Diskussion. Es beginnt zunächst als *ei-tei-tei* und *du-du-du* als Spiel im Beziehungsverhältnis: als Grundform von Kultur.

Sprach-Spiele   (Laut-Spiele, Sprüche, Lieder)

Auf einem Baum ein Kuckuck
Simsaladim bamba saladu saladim
Auf einem Baum ein Kuckuck saß

Abra Kadabra
dreimal schwarzer Kater

Die Laut- und Sprachspiele sind das Fundament des Sprach-Erwerbs beim menschlichen Nachwuchs. Es sind diese Laut- und Sprachspiele, in denen die Durchdringung des Sprachlichen im neurologischen System im Gehirn beginnt und mit denen zunächst erst mal das Broca- und das Wernicke-Zentrum (im Gehirn) zwecks Verstehens der Sprachlaute und Artikulationsfähigkeit als Basis des Sprachgebrauchs trainiert werden. Dieser Sachverhalt lässt sich im Verhältnis einer sehr anderen Sprache begreifen. Es geht nicht bloß um das Erlernen unbekannter Vokabeln: man muss zunächst die Phoneme des Wortmaterials akustisch identifizieren und dann auch artikulieren lernen. Dies kann so schwierig sein, dass man dies als Erwachsener nicht mehr zureichend zu adaptieren vermag.

Doch ist das Bedeutsamste des Sprach-Gebrauchs zuallererst, dass der Säugling nicht in seiner so hohen Unbeholfenheit verkommt, sondern in dieser ihm möglichen Form Anregung erhält. Die Sprache in ihrem Eigentlichen verstehen kann der Säugling noch lange nicht. Er hört die Sprache entsprechend >Abrakadabra< als bloße Laute, kann aber ihre „Magie" empfinden: dass sie >Bedeutung< und >Wirkungen< enthalten.

Aus diesen Zusammenhängen heraus dürfte auch die Entwicklung von Musik und Singen entstammen. Interessant ist hier unser Wort *lallen*. Es entstammt einer der ersten Lautbildungen des Säuglings als etwa *la-la-la*. Die ersten eigenen Lautbildungen des Säuglings wie *la-la-la* wurden als diese Laute aufgenommen und verstärkend zum Spiel wie u.a. dem Singen gebraucht. Auf diese Weise konnte die noch höchst eingeschränkte Artikulations-Fähigkeit des Säuglings auf andere und einfachere Weise differenziert werden (Atmung, Mundöffnung; Tempo, Tonhöhe usw.). Dieses *La-La-La* wurde von den Wortzusammenhängen offenbar auch zum Beruhigen zum Einschlafen verwenden [>einlullen< - beachte auch die Wortbildungen *Stillen, lullen – Lolly – lutschen* usw.].

Es ist dieser Verbund von Hören – Erleben – Interesse am Spiel, der evolutionär ein noch entscheidend verstärktes Interesse an Sprache weckte: aller Wahrscheinlichkeit schon früher auf der Säuglingsstufe als auch erheblich verstärkt gegenüber den gleichzeitigen Hominiden in der ersten Phase der Humanevolution. Denn es ist dieser Verbund zwischen der höheren neurologischen Unreife zum Zeitpunkt der Geburt und der hier völlig andersartigen Funktionslogik von Sprache, aus der die Scheidung zwischen den Hominiden und der humanevolutionären Entwicklung mit ihrer Entwicklung von Kultur entstanden sein dürfte. Hier liegt die evolutionäre Ursache, dass Sprache zu einem Instrument der Verhaltenssteuerung *werden konnte* –

eine Entwicklung, die freilich erst Schritt für Schritt in der Humanevolution erreicht wurde (s.u.).

Wir kennen diese Grundprozesse in Bezug auf Fremdsprachen. Zunächst gilt es, die Laute der Sprache >hören< (Training des Wernicke-Zentrums), dann, diese Laute artikulieren zu lernen (Training des Broca-Zentrums). All dies ist es, was das Kleinkind für den Sprach-Gebrauch zunächst erstmal erwerben muss.

So sind zunächst entsprechend Sprach-Spiele von Bedeutung, wie sich heute über Logopädie/Sprecherziehung begreifen und studieren lässt. Hier spielen Lautmodulationen eine große Rolle, wie

- *Bi – Ba – Butzemann*
- *ene – mene – muh*　　　　usw.

> (Es hat den Anschein, als entstammte die – erst historische - Entwicklung der Flexionen zu >Grammatik< solchen Sprach-Spielen der Kindheit).

Diese Laut- und Sprach-Spiele sind eine Grundform des Spiels. Sie wurden über die Kinder-Spiele und –Lieder hinaus inzwischen wieder als eine Form von Kunst in Musik („Gesang" mit Lauten und Pseudo-Sprache etwa im Jazz) oder als Sprachkunst (z.B. Ernst Jandl) wiederentdeckt.

Diese Laut- und Sprachspiele sind auch eine Grundform von Gedichten, s. etwa: *Walle walle manche Strecke dass zum Zwecke Wasser fließe* (aus >Der Zauberlehrling< von Goethe). Neben dem gezielten Gebrauch von Sprache für die Erzeugung von Atmosphäre und Gefühlen dürfte sich der >Zauber< der Sprache in dem Empfinden der Kleinkinder begründen, die die >Bedeutung< der Sprache beobachten, ohne davon viel zu verstehen. Entsprechend können Pseudowörter wie *Abrakadabra* für einen solchen geheimnisvollen >magischen< Sinn der Sprache im Spiel Eingang finden.

66

Es ist zunächst die Sprache, die hier die entscheidend neue Dimension des Spiels als der Entwicklung von Kultur begründet. Umgekehrt ist es das Spiel, in der dann die humanevolutionär entscheidend neue Dimension von Sprache entsteht. Dass Sprache überhaupt zu einer Möglichkeit der Verhaltenssteuerung werden konnte, hat aufgrund der neurologischen Zusammenhänge seine Basis nicht in der Ratio, sondern in der Entwicklung dieser Kultur des Spiels. Die Ratio ist an sich die evolutionär ältere und *neurologisch* schlichtere Form (aus der Hominiden-Stufe). Ohne dieses Fundament im Spiel und in Bildern und Geschichten bildet sich die Ratio lediglich ein, das Verhalten zu steuern: sie verfügt ohne das kulturelle Fundament nicht über die neurologischen Zugänge zum Zwischenhirn-Bereich, das Verhalten steuern zu können.

Die Entwicklung des Verbunds von Sprache – Verhaltenssteuerung konnte sich erst durch die Entwicklung von Rollenspielen und von Märchen, Fabeln und Mythologie vollziehen. Eine wirkliche Verhaltenssteuerung setzt das Erkennen und Verstehen der >Szenarien< der menschlichen Existenz voraus. Insofern arbeitet auch unser modernes Rechtswesen *notwendigerweise* noch immer auf der Basis von Fall-Geschichten.

3.7 Theaterartige Spiele

So gering der Szenen-Charakter der theaterartigen Kinderspiele etwa im Nachahmen von Tieren und in dem Nachspielen der Märchen-Geschichten zunächst auch gewesen sein wird, so evolutionär bedeutend war doch dieser Schritt. Denn mit ihm begründet sich die Entwicklung der Selbststeuerung des Verhaltens. Die Geschichten und Märchen boten in Verbindung mit den theaterartigen Kinderspielen den Rahmen für die praktischen Experimente, Übungen und Erfahrungen im Umgang mit seinem Verhalten.

Diese die phylogenetische Entwicklung ontogenetisch nachvollziehende Phase beschreibt Erik H. Erikson als Entwicklung von >**Initiative oder Schuldgefühle**< bzw. „Spiel-Identifikation gg. (ödipale) Phantasie-Identitäten" und „Experimentieren mit Rollen gg. negative Identitätswahl":

„Das Kind weiß jetzt sicher, dass es ein Ich ist; nun muss es herausfinden, was für eine Art von Person es werden will. Und dabei greift es gleich nach den Sternen: es will so werden wie Vater und Mutter, die ihm sehr mächtig und sehr schön, obwohl ganz unvernünftig gefährlich erscheinen. Es >identifiziert sich< mit den Eltern, d.h., es spielt mit der Idee, wie es sein würde, wenn es Vater oder Mutter wäre. In diesem Stadium kommen ihm drei kräftige Entwicklungsschübe zu Hilfe, die jedoch auch die nächste Krise beschleunigen:

1. das Kind lernt, sich freier und kraftvoller zu *bewegen* und gewinnt dadurch ein weiteres, ja, wie ihm scheint, ein unbegrenztes Tätigkeitsfeld;
2. sein *Sprachvermögen* vervollkommnet sich soweit, dass es sehr viel verstehen und fragen kann, aber auch um so mehr missversteht;
3. Sprache und Bewegungsfreiheit zusammen erweitern seine *Vorstellungswelt*, so dass es sich vor seinen eigenen, halb geträumten, halb gedachten Bildern ängstigt. Gleichwohl muss es aus dieser Krise mit einem Gefühl *ungebrochener Initiative* als Grundlage eines hochgespannten und doch realistischen Strebens nach Leistung und Unabhängigkeit hervorgehen. [...]
Nun [...] ist das Kind imstande, sich kraftvoll und unabhängig umherzubewegen. Es ist bereit, sich mit den Erwachsenen zu messen, es beginnt Vergleiche anzustellen und entwickelt eine unermüdliche Wissbegier, was die Größenunterschiede im Allgemeinen und die Geschlechtsunterschiede im Besonderen betrifft. Es denkt sich zukünftige Rollen aus oder versucht zu begreifen, welche Rollen nachzuahmen lohnt. Zunächst kann es sich jetzt mit Gleichaltrigen zusammenfinden. Unter der Anleitung älterer Kinder oder einer Wärterin wird es in die kindliche Politik des Kindergartens und der Spielplätze eingeführt. Es lernt jetzt eminent eindringlich und

energisch: über seine eigenen Grenzen hinaus und zu künftigen Möglichkeiten hin."[38]

> „[...] *In den Kindern spiegelt sich das Wesen des Schauspielers am reinsten wider. Ihre Aufnahmefähigkeit ist beispiellos, und der Drang zu gestalten, der sich in ihren Spielen kundgibt, ist unbezähmbar und wahrhaft schöpferisch. Sie wollen die Welt noch einmal entdecken, selbst erschaffen. Sie sträuben sich instinktiv dagegen, die Welt durch Belehrung in sich aufzunehmen. Sie wollen sich nicht mit den Erfahrungen anderer voll stopfen. Sie verwandeln sich blitzschnell in alles, was sie sehen, und verwandeln alles in das, was sie wünschen. [...]"*
>
> Max Reinhardt: Rede über den Schauspieler (1929) [39]

Im Verlauf der Humanevolution entstand in der Entwicklung der Rollen-Theater-Spiele als Konzept der Persönlichkeits-Entwicklung das hinreichende Interesse und Verstehen, die darin erfahrene Qualität nun auch vollgültig auf die Ebene des Erwachsenen und seiner Sozial-Anlage zu bringen.

Dieser Prozess erfolgte unter dem Stichwort, das in dem ethnologischen Bestand – leider zumeist verzerrt oder gar regelrecht pervertiert - als >Jugend-Initiation< bekannt ist. Aufgrund dieser Schulungen und Trainings der ursprünglichen >Jugend-Initiation< entstand evolutionär die Pubertät/Jugend als Moratorium zwischen Geschlechtsreife und dem nun erst eigentlichen Erwachsen-Sein. Damit erreichte das Kreativ-Spielerische der Kindheit und der Freizeit-Betätigung die Ebene der Persönlichkeit und der Sozialanlage. Erst daraus

---

[38] Erik H. Erikson: Identität und Lebenszyklus, S. 87 - 89
[39] zitiert nach: Manfred Brauneck: Theater im 20. Jahrhundert, S. 353

entstand das Eigentliche der Humanevolution und von Kultur
(→ Stufe 2).

**Die Begriffe >Kunst< und >Theater< korrespondieren mit
den beiden fundamentalen kulturellen Dimensionen von
>Kreativität< und dem >Spielerischen< auch in Bezug auf
das Erlernen von Verhalten (u.a. via Rollen-Spiele).**

**So verstanden sind die Begriffe >Kunst< und >Theater<
geeignet, die fundamentalen menschlichen Dimensionen zu
beschreiben, zu erschließen und verstehen zu lernen.**

Felszeichnung Tansania, etwa >Ende der Eiszeit<. Ein Musik-Terzett: „Der
mittleren Gestalt strömen Töne aus dem Mund, während die Gestalt rechts
in die Hände klatscht." Die Darstellung links wird in der Art von Kastag-
netten interpretiert.

Zitat und Nachzeichnung nach: Emmanuel Anati: Höhlenmalerei, S. 200

3.8 >Jeder Mensch ist ein Künstler<

„Der Mensch ist ein schöpferisches,
kein produktives Wesen. " [40]

„Schaffen von Formen heißt: leben.
Sind nicht Kinder Schaffende, die direkt aus dem Geheimnis
ihrer Empfindung schöpfen, mehr als der Nachahmer griechi-
scher Form? Sind nicht die Wilden Künstler, die ihre eigene
Form haben, stark wie die Form des Donners? [...]
Die Freuden, die Leiden des Menschen, der Völker stehen hin-
ter den Inschriften, den Bildern, den Tempeln, den Domen und
Masken, hinter den musikalischen Werken, den Schaustücken
und Tänzen. Wo sie nicht dahinter stehen, wo Formen leer,
grundlos gemacht werden, da ist auch nicht Kunst. "
August Macke [41]

„Ich selber habe mehrfach am eigenen Leib erfahren, dass
Bremsung ins Werk drängender Kreativität zu körperlichen
Verspannungen und umgekehrt die Entfaltung der Kreativität
zu deren Lösung führt. " [42]

---

[40] Alexander Lowen: Lust – Der kreative Weg zum Leben, S. 264
[41] in: Klaus Lankheit: Dokumentarische Neuausgabe von:
    Wassily Kandinsky & Franz Marc: Der Blaue Reiter, S. 55; 59
[42] Peter Schellenbaum: Nimm deine Couch und geh! S. 96

Zunächst einmal bedeuten *Kunst* und *Kultur* entsprechend der evolutionären Entwicklung die Schaffung einer freien kindgerechten und menschlich zugewandten Kindheit und deren Ausgestaltung. Die Schaffung einer freien kindgerechten und menschlich zugewandten Kindheit als integrierter Bestandteil des Soziallebens ist evolutionär wie demzufolge auch heute in der Sozialisation die Grundlage von *Kreativität, Kultur* und *Kunst*.

„Fast alle Stammesvölker führen Zeichnungen in Sand aus, die sich mit dem ersten Wind oder dem ersten Regen auflösen. Von all dem ist keine Spur zurückgeblieben, außer in den seltenen Fällen, wenn diese Zeichnungen im Sand oder im Lehm innerhalb von Höhlen ausgeführt worden sind, die dann aufgegeben wurden und verkalkten." [43]

„Am Lagerfeuer erzählte Märchen, komplexe Sandgemälde und Tänze, welche die Mythen der Gruppen darstellen, hinterlassen keine Spuren. Doch sind gerade sie das Wesentliche des Menschseins von Wildbeutergesellschaften." [44]

Das letztere Zitat zeigt im Besonderen, dass die ursprüngliche Kunst und Kultur-Anlage in einem *effektiven* Bezug zu den Kindern steht. Alle genannten Formen: Sandgemälde, Geschichten Erzählen, Tänze und natürlich Singen entspringen der Kindheit und dann dem Umgang mit den Kindern. Die Erwachsenen, die den Bezug zu dem Kind in sich selbst und also zu den Kindern noch nicht verloren haben, teilen mit den Kindern den Spaß an diesen Aktivitäten, bieten ihnen hierbei auf verschiedene Art Anregung und führen dies, in ihrer Sozialisation davon geprägt, durchaus auch für sich selbst weiter.

---

[43] Emmanuel Anati: Höhlenmalerei, S. 406
[44] Roger Lewin: Spuren der Menschwerdung, S. 144

Das Spielen mit Sand und nach Möglichkeit auch mit Wasser und Matsch ergibt sich bei den Kindern bei den Beschaffenheiten seiner Lagerplätze ganz von selbst. Von daher dürften entsprechend der kleinkindlichen Tendenzen seit der humanevolutionären Entwicklung nach Möglichkeit solche Lagerplätze aufgesucht worden sein.

Dieses Spielen mit Wasser, Matsch und Sand wird damit zur Grundlage des Malens und Plastizierens (Lehm- und Ton-Figuren bereits in der „Eiszeit"). Diese Formen von Kunst stehen hier unter dem Aspekt des >Spiels<, das heißt: ihre eigentliche Bedeutung besteht in dem Schaffen selbst. Um nicht Opfer seines Schaffens zu werden, sind die Werke – außer an menschlich abgelegenen Orten wie in Höhlen und in Berggegenden - im Wesentlichen mit Absicht so angelegt, keine andauernden Spuren zu hinterlassen.

Wenn die Kunstwerke im Wesentlichen erst in der Zeit ab vor ca. 40.000 Jahre greifbar werden, dann ist es eine falsche Schlussfolgerung, dass es erst ab dieser Zeit zu einer künstlerischen Betätigung gekommen wäre. Die künstlerische Anlage und Betätigung ist mit der humanevolutionären Ausbildung des >Menschen< schon vor *Homo sapiens* gleichzusetzen. Ganz in diesem Sinn ist der These >Jeder Mensch ist ein Künstler< von **Josef Beuys** [45] zuzustimmen. Freilich handelt es sich dabei nicht unbedingt um das, was im Deutschen inzwischen mit dem Begriff >Kunst< assoziiert ist: um die >Schönen Künste< als ursprünglich *ein* Bereich der Künste (wie z.B. auch *Heilkunst*), oft gar nur verstanden als die >Bildenden Künste< (Malerei und Plastizieren), wo früher zumindest noch Poesie, Musik usw. dazu gezählt wurde.

An dieser Stelle liegt das volle Recht der Ansätze von Josef Beuys, den Begriff Kunst aus der verselbständigten Engführung im Deutschen herauszuholen (der >erweiterte Kunstbe-

---

[45] s. dazu z.B. das Buch: Josef Beuys: Jeder Mensch ist ein Künstler – Auf dem Weg zur Freiheitsgestalt des sozialen Organismus

griff<) und wieder mit dem ursprünglichen Sachverhalt von Kunst, Kreativität und Kultur in Verbindung zu bringen. Worum es bei >Kunst< in der humanevolutionären Entwicklung über den üblichen Spieltrieb der Säugetiere als Vorbereitung auf die Erwachsenen-Existenz hinaus geht, ist im Eigentlichen und Zentrum die >**Soziale Plastik**< (Beuys): [46] die *gekonnte* und lebendige Gestaltung des Beziehungs- und Soziallebens (als >Mensch Sein<): das also, was *Kultur* von der kulturalen Anlage des Menschen im Eigentlichen meint.

Evolutionär verknüpfen sich *Kunst* und *Kultur* zunächst und primär mit der Entwicklung eines zugewandten dialogischen Verhältnisses zu den Kindern und der Schaffung kindgerechter und freier kreativer Kindheiten. Der Bereich Kunst entsteht hierbei aus der qualitativen Entwicklung der kreativ-spielerischen Aktivitäten der Kindheit.

Diese Entwicklung wurde mit der Zeit so umfassend und qualifiziert, dass die Entwicklung der Kindheit in einer zweiten Stufe in der humanevolutionären Entwicklung auch auf die gesamte Existenz ausgedehnt werden konnte. Erst damit wurde das evolutionär Eigentliche von Kultur erreicht: erst damit wurde auch der Durchbruch aus der evolutionären Sackgasse der höheren Großhirn-Entwicklung erreicht.

Doch ohne die Entwicklung einer kulturell qualifizierten Kindheit mit reichhaltiger kreativ-spielerischer Betätigung und Erfahrung insbesondere im Bereich des theaterartigen Rollen-Spiels wäre das Eigentliche von Kultur erst gar nicht zur Möglichkeit geworden.

---

[46] s. dazu mehr: Wikipedia: *Soziale Plastik,* dort auch Literatur-Hinweise (6.3.19, 5:31)

74

Malen – eine Anleitung zum Glücklichsein

„Ich konnte schon als Kind malen wie Rafael, aber ich habe ein Leben gebraucht, um zu malen wie ein Kind.“
Pablo Picasso [47]

---

[47] zitiert nach dem Boesner-Firmen-Katalog (Großhandel für Künstlerbedarf) 2004, S. 65

„Man weiß weiterhin, dass die Begegnung mit Neuem zu einer Freisetzung von Dopamin in diesem System führt. Dopamin wurde daher als Substanz der Neugier und des Explorationsverhaltens, der Suche nach Neuigkeit (engl.: *novelty seeking behavior*) bezeichnet. [...]
Das Dopaminsystem ist an Bestrafung nicht beteiligt, es ist allein für Belohnung zuständig. Für das Lernen ist wichtig: Gelernt wird immer dann, wenn positive Erfahrungen gemacht werden. Dieser Mechanismus ist wesentlich für das Lernen der verschiedensten Dinge, wobei klar sein muss, dass für den Menschen die positive Erfahrung schlechthin in positiven Sozialkontakten besteht. [...]

Umgekehrt führt eine Überaktivität dieses Systems [*mangels wirklicher Befriedigung*] dazu, dass belanglose Ereignisse oder Dinge eine abnorme Bedeutung erlangen, als besonders hervortreten und einen nicht mehr loslassen." [48]

„Was hat den Menschen, und zwar auf dem gesamten Globus, zu einer künstlerischen Aktivität solchen Ausmaßes veranlasst? Der ungeheure Umfang der bereits existierenden Dokumentationen zeigt die Höhlenmalerei und Felskunst als ein weltweit verbreitetes Phänomen, das quantitativ über 90 Prozent der bekannten prähistorischen Darstellungen ausmacht. Die Felskunst wurde von nicht zivilisierten Völkern geschaffen, sie beginnt mit dem *Homo sapiens* und endet im allgemeinen, wenn die Menschen, die sie schaffen, zu einer Form der Kommunikation übergehen, die wir als Schrift bezeichnen. [...]

---

[48] So der Neurowissenschaftler: Manfred Spitzer: Lernen, S. 181 f.

Vom Norden Sibiriens bis zum Atlantik und Pazifik hat die Menschheit ihre Felsbilder und Gravierungen in Tausenden von Höhlen, an Felsüberhängen und freien Felswänden, entlang der Flusstäler, in Gebirgen, in häufig unzugänglich erscheinenden Gebieten hinterlassen. Man fragt sich, was Menschen dazu veranlasst hat, überall die Zeichen ihrer visuellen Kreativität aufzudrücken. Es scheint, als handle es sich hier um eine Art vierter Dimension des Entdeckergeistes, der nicht nur die ihn umgebende Welt entdecken will, sondern auch die existentielle Beziehung des Menschen zur Natur und zur Welt begreifen will.

Angesichts kilometerlanger Galerien mit Felsgravierungen und mit Tausenden von Bildern, wie sie in verschiedenen Gebieten der sibirischen Tundra zu finden sind, stellt sich über dies die Frage nach den Künstlern, die diese Werke geschaffen haben. Wahrscheinlich waren es kleine Gruppen, die über Generationen hinweg immer wieder an dieselben Orte zurückkehrten, um hier die gleichen Handlungen zu vollziehen. Außer ihrer Kunst haben sie kaum etwas zurückgelassen, allenfalls ein paar Hüttenböden, Reste von Feuerstellen, einige rudimentäre Werkzeuge. Diese spärlichen Überreste jener Tätigkeiten, die zum wirtschaftlichen und physischen Überleben notwendig waren, stehen im Gegensatz zu ihrer immensen künstlerischen Aktivität. Könnte dies Ausdruck eines generellen Wesenszuges des Menschen sein?" [49]

„Die Ethnologie kennt eine Art Regel, derzufolge ein dürftiger materieller Güterbesitz einer umso reicheren Vorstellungswelt entspricht." [50]

---

[49] Emmanuel Anati: Höhlenmalerei, S. 25 f.; S. 38
[50] H. Christoph, K. E. Müller & Ute Ritz-Müller: Soul of Africa, S. 88

Symbolik in Malerei, Mythen, Zeichen und Wörtern: Beispiel >Schildkröte<

Nachzeichnung einer Abbildung auf einer sibirischen Trommel. [51]
Diese entspricht der Ausgangsform des **chinesischen** Schriftzeichens
für *guī* >Schildkröte< (zu den Entwicklungsstufen in der chinesischen Schrift s.u.). [52] Dazu: „Bei vielen antiken Völkern symbolisiert sie das Universum. Dabei ruht die Welt auf dem Schild einer
oder mehrerer auf dem Wasser schwimmenden Schildkröten." (ebd.)
Diese Welt-Symbolik kommt in den >vier Teilen/Richtungen< auf
der Schildkröte zum Ausdruck.

---

[51] nach: Mihály Hoppál: Schamanen, S. 131 (aus No. 176 c)
[52] Edoardo Fazzioli: Gemalte Wörter, S. 161. S. dort zu der Entwicklung
des Zeichens sowie ein wenig zur Mythologie der Schildkröte

4 Am Anfang war das Wort:
Die humanevolutionäre Weiterentwicklung von Sprache

„Die Sprache ist in engster Weise mit den allgemeinen kognitiven Fähigkeiten des Menschen verbunden, und die Entstehungsgeschichte der Sprache ist zugleich auch ein Teil der Entstehungsgeschichte des Menschen.“ [53]

„Während des Übergangs von Homo erectus zu Homo sapiens spielte Sprache zweifellos eine zentrale Rolle hinsichtlich der Ausbildung enger sozialer und kultureller Strukturen.“ [54]

„Kommunikation ist [...] vielleicht der wichtigste Faktor, der den Menschen zum Menschen macht.“ [55]

4.1 Die humanevolutionäre Weiterentwicklung der Sprach-Anlage als die Konstituierung von Kultur

Der zentrale Sachverhalt der Humanevolution ist die Aneignung der genetischen Verhaltenssteuerung zur Fähigkeit zur Selbststeuerung seines Sozialverhaltens und seiner Sozialverhältnisse. Daraus ergab sich die Transformation vom >Tier< zum >Menschen<.

---

[53] Horst M. Müller: Sprache und Evolution, S. 74
[54] R. Leakey & R. Lewin: Wie der Mensch zum Menschen wurde, S. 123
[55] Aljoscha Long & Ronald Schweppe: Praxisbuch NLP, S. 173

Die neurologische Grundlage für diesen evolutionären Erwerb der Fähigkeit zur Selbststeuerung war der Komplex >Sprache<.

Doch bedeutete ein Bestand von Sprache weder neurologisch schon an sich einen Zugriff auf die entscheidenden Bereiche der Verhaltenssteuerung, noch lassen sich die entscheidenden Bereiche der Verhaltens-Anlage mit einer Sprache aus lediglich Vokabular und Grammatik steuern. Bei dem, wie >Sprache< in dem Gehirn bei *Homo sapiens* arbeitet, kann Sprache in dem *entscheidenden* Unterschied zu den Hominiden im Eigentlichen nicht in Vokabular und Grammatik verstanden werden.

Der Komplex Vokabular – Grammatik ist der Sachverhalt von Sprache der Stufe der Hominiden. Die humanevolutionäre Weiterentwicklung baut darauf auf, doch war Sprache als Mittel der bis dahin genetischen Verhaltenssteuerung unabdingbar mit einer neuen Dimension verbunden.

Ganz in diesem Sinn war die Evolution von Sprache unter den Hominiden sehr wohl die Voraussetzung dafür, dass die humanevolutionäre Aneignung der genetischen Verhaltenssteuerung zur Fähigkeit zur Selbststeuerung überhaupt eine Möglichkeit wurde. Hier hatte die humanevolutionäre Entwicklung eine völlig andere Ausgangsbasis als die Hominiden-Evolution. So kann im Ausgang der Entstehung der humanevolutionären Entwicklung schon von einem umfassenderen Sprach-Bestand bei den Hominiden (z.B. dem späten „Homo erectus") ausgegangen werden, sowohl an Wortschatz als auch bzgl. einer gewissen Sprach-Praxis. Weil die Sprach-Ebene von Vokabular und Grammatik in Hinsicht auf das Praktische bereits hinreichend entwickelt war, konnte sich die humanevolutionäre Entwicklung auf die Entwicklung einer völlig neuen, hier evolutionär entscheidenden Sprach-Ebene konzentrieren, wie sie hier nun von Bedeutung wird: nämlich in der neuartigen Funktion zur Verhaltenssteuerung = der Entwicklung von Kultur.

4.2 Die evolutionäre Weiterentwicklung der sprachlich bestimmten Neurologie der Säuglinge

Dass Sprache überhaupt zu einem Mechanismus der Verhaltenssteuerung werden konnte, hat zunächst seine Ausgangsbasis in dem Aufkommen und Durchbringen eines neurologisch noch unreiferen Nachwuchses. Ohne diese physiologischen Veränderungen des neurologischen Systems, die sich in diesem evolutionären Prozess in der Verfassung der Geburten niederschlugen, hätte Sprache diese Funktion gar nicht erreichen können. Hierbei ist zu sagen:

„Damit sich dieses derart große Gehirn entwickeln kann, haben sich beim Menschen einige primatentypische Merkmale verändert. So ist das Gehirn eines adulten [*erwachsenen*] Menschenaffen 2,3mal so groß wie das eines neugeborenen Jungtieres, bei Menschen beträgt dieser Wert 3,5. Noch deutlichere Unterschiede zeigen sich, wenn man das Größenverhältnis eines menschlichen Neugeborenen mit dem eines Affenbabys vergleicht. Obwohl das Körpergewicht von Mensch und Menschenaffe ähnlich ist [...] und beide eine vergleichbare Länge der Tragzeit aufweisen, sind Neugeborene des Menschen ungefähr zweimal so groß und verfügen über die doppelte Hirnmasse wie die von Menschenaffen. [...]
Im Unterschied zu spät reifenden Tieren hält beim Menschen die schnelle postnatale Phase des Hirnwachstums über einen – relativ gesehen – längeren Zeitraum an. So hat der Mensch ein effektives *Embryonalstadium*[*] von 21 Monaten (neun im Mutterleib, zwölf außerhalb). [...] Menschenkinder sind also über einen längeren Zeitraum hinweg hilfloser als die Jungen von Menschenaffen. Die erweiterte Phase der Jungenaufzucht und die nachfolgende Lernperiode müssen sich nachhaltig auf das Sozialverhalten der Hominiden ausgewirkt haben."[56]

---

[*] im zit. Text nicht sehr glücklich mit „Schwangerschaftsdauer" formuliert
[56] Roger Lewin: Spuren der Menschwerdung, S. 142 f.

Wir haben hier also beim Menschen selbst gegenüber den bereits intelligent-komplizierten Menschenaffen eine dreifache Situation. Das Gehirn ist schon bei der Geburt größer, und es wächst in seiner Größe mehr (jedoch nicht an Zellen, sondern wie die Muskulatur durch Gebrauch). Doch nicht weniger ist der dritte Sachverhalt von Bedeutung, nämlich dass im Verhältnis auf die Embryonalreifung beim Menschen trotz seines bereits größeren Gehirns die Gehirnentwicklung zum Zeitpunkt der Geburt weniger fortgeschritten ist, so in der Ummantelung der Nervenbahnen im Gehirn (Myelinisierung).

Es war genau diese immer höhere neurologische Unreife der Säuglinge, mit der sich die Bedeutung des Sprachlichen in den ganzen evolutionären Schritten seit den Hominiden vor ca. 2,5 Mio. Jahren in der Gehirn-Anlage ausweitete. Entsprechend dürfte der Schub des Gehirn-Wachstums unter den Hominiden – neben der Weiterentwicklung von Handfertigkeit, Werkzeugen und in ihrer Organisation – mit der Ausweitung des Sprachlichen verbunden gewesen sein, wie sie sich bei den *angeborenen* Formen an Sprachadaption bei den menschlichen Säuglingen widerspiegelt (→ S. 31)

Wohl dürfte es schon bald in der Hominiden-Evolution im Umgang mit dem so hilflosen Nachwuchs zum Gebrauch von sprachartigen Lautformen wie etwa *du-du-du* gekommen sein, um ihn bei Laune zu halten, und sicherlich wird auch dieser frühere Nachwuchs sein Sprechen zunächst mit Lallwörtern begonnen haben. Diese Form der Entwicklung erscheint in sich selbst nahe liegend und logisch und dürfte von daher vermutlich auch evolutionär genau so begonnen haben. Es dürfte also vielmehr das *Ausmaß* dieser Betätigungen gewesen sein, das in der humanevolutionären Entwicklung *Stufe für Stufe* zunahm.

Dieses Ausmaß dürfte zum Zeitpunkt des Beginns der humanevolutionären Entwicklung schon recht hoch gelegen haben, also auch bei den damaligen Formen des „Homo erectus". Denn angesichts dieser so hohen neurologischen Unreife der Säuglinge wäre diese Unreife des Gehirns zu effektiven Problemen an Behinderung ggf. gar mit Todesfolge erwachsen, hätte es das Sprachliche nicht gegeben. Das Sprachliche entsprach jedoch den Möglichkeiten der Säuglinge und der Kleinkinder, und durch ihre so frühe Aufnahme des Sprachlichen verwandelte sich gerade die so hohe Unreife des Gehirns in den Vorteil der neuartigen Sprach-Funktionen.

Doch so sehr dieses Ausmaß an Sprachaktivität zwischen *Hominidus erectus* und *Homo archaicus* am Anfang ihrer Aufspaltung im Prinzip gleich gewesen sein dürfte, so kam als Ursache ihrer Aufspaltung eine neue Ausrichtung auf. Bei den Hominiden blieb das Spielerische wie bei den Tieren nichts als ein Sachverhalt der Kindheit. Entsprechend dürfte dort das Sprachliche wohl im Verhältnis zu den Kindern spielerisch gebraucht worden sein, doch ohne dass diesem ein besonderes *eigenes* Interesse entgegen gebracht wurde. Das hominide Interesse blieb entsprechend der neurologischen Anlage der Tier-Stufe auf das Erwachsenen-Stadium und die Überlebens-Besorgung *fixiert*. In Hinsicht auf hohe Notstandsprobleme war dies wohl höchst leistungsfähig, doch ohne außergewöhnliche Anforderungen ging dies ins Leere oder gar ins Zerstörerische.

Der entscheidende Unterschied ist also darin anzunehmen, dass in der humanevolutionären Entwicklung dem Spielerischen insbesondere in Hinsicht auf Sprache ein völlig neuartiges Interesse zukam. Daraus entstanden völlig neuartige Dimensionen von Sprache und Spiel. Dieses darf wohl nicht im *absoluten* Unterschied zu den späten Hominiden, *muss* aber sehr wohl in einem – nämlich evolutionär – *entscheidenden* Unterschied angenommen werden.

Es dürfte wesentlich der Bereich der Sprach-Spiele gewesen sein, wo die Abspaltung der humanevolutionären Entwicklung aufgekommen ist, nämlich *gleichermaßen* im Spielerischen wie im Sprachlichen, was auf der Stufe der Säuglinge auch wesentlich als Zusammenhang zu begreifen ist. Hier ist der Ausgangspunkt zu sehen, wo die Humanevolution in ständiger weiterer Rückkopplung von den Hominiden abging. Mit dem *entscheidend* anderen Interesse an den sprachlichen Spielen wurde es - vermutlich sowohl psychisch für die Erwachsenen als auch in den Reizstimulierungen bei den Säuglingen - möglich, einen noch unreiferen Nachwuchs durchzubringen. In dem so ermöglichten Überleben des neurologisch noch unreiferen Nachwuchses zum Zeitpunkt der Geburt liegt die *physiologische* Grundlage in dem Aufkommen der humanevolutionären Entwicklung.

Auf dieser physiologischen Grundlage wurden nun diese Sprachspiele wie zuerst *ei-tei-tei* und *du-du-du* zum Ausgangspunkt der Evolution von Kultur und der neuen Sprach-Entwicklung im humanevolutionären Prozess. Diese Sprachspiele eröffneten eine neue Dimension von Spiel wie u.a. auch das Singen, Rollen- und Interaktionsspiele (wo man etwa Tiere nachspielte) wie das Erzählen von Witzen, Abenteuern, Märchen, Fabeln usw.

Genau in dieser Weise entwickelte sich auch die neue humanevolutionäre Sprache. Sie baut zuerst auf den Sprachspielen wie *amma – MaMa/NaNa – anna, abba – BaBa, adda – DaDa, alla – LaLa, aia - JaJa* und *agga – GaGa* auf, die das grundlegende Spektrum der Lalllaute bilden. In diesen etwa sechs Grundelementen wurde in weiteren Sprachspielen in der Variation der Vokale und Konsonanten und über das Erzählen von Geschichten das gesamte Wortmaterial der ursprünglichen Sprache des Homo sapiens bis zum Ende der Eiszeit gebildet.[57]

Der entscheidende Sachverhalt der humanevolutionären Entwicklung von Sprache war, dass hier nun >Geschichten< und Bilder zur Basis der Sprach-Anlage wurden. In Form der mit seiner Existenz und seinen Gefühlen/Empfindungen verbundenen >Geschichten< erhielt man einen Zugriff auf den Zwischenhirn-Bereich der genetischen Verhaltenssteuerung, was die Möglichkeit der Selbststeuerung eröffnete. Auf der Basis allein von Vokabeln und Grammatik war dies nicht möglich.

---

[57] S. dazu mein Werk **Cûl Tura**. Wie ich dort in Band 2 a/b zeige, baut auch unser deutsches Vokabular in guten Teilen darauf auf.

Ganz entsprechend der humanevolutionären Weiterentwicklung von Sprache und Kommunikation formuliert Moeller als eine seiner >Fünf goldenen Erkenntnisse<:

„Ich möchte in unserer Beziehung lernen, mich in konkreten Erlebnissen und nicht in Begriffen zu erläutern, weil Bilder und Geschichten erst wirklich tief gehend und umfassend wiedergeben können, wer ich bin – und wer Du bist." [58]

„Geschichten *treiben uns um, nicht* Fakten. *Geschichten enthalten Fakten, aber diese Fakten verhalten sich zu den Geschichten wie das Skelett zum ganzen Menschen. Wer glaubt, beim Lernen gehe es darum, Fakten zu büffeln, der liegt völlig falsch; Einzelheiten machen nur im Zusammenhang Sinn, und es ist dieser Zusammenhang und dieser Sinn, der die Einzelheiten interessant macht. Und nur dann, wenn die Fakten in diesem Sinne interessant sind, werden wir sie auch behalten."* [59]

Paläolithische „Venus"-Figuren
aus Sibirien:

links eine von über 30 Figuren
aus einer Siedlung bei Mal'ta,
aus Elfenbein geschnitzt;
rechts Fund am Baikalsee [60]
(Nachzeichnungen)

Diese Formen erscheinen später
in groß als Stamm-Plastiken

---

[58] Michael Lukas Moeller: Die Liebe ist das Kind der Freiheit, S. 16
[59] Der Neurowissenschaftler: Manfred Spitzer: Lernen, S. 35
[60] in: Göran Burenhult: Illustrierte Geschichte der Menschheit I, S. 132 f.

4.3 Am Anfang war der Mytho-Logos

*„Weniger fortschrittsgläubige Ethnologen wie Bronislaw Mali-
nowski oder Claude Lévi-Strauss haben beobachtet, dass die
>primitiven< Gesellschaften (oder doch mindestens manche
von ihnen) mit ihrem mythischen Weltbild in vieler Hinsicht
besser >funktionieren< (etwa was die Integration des Ge-
fühlslebens oder die Harmonie mit ihrer Umwelt angeht) und
andererseits eine den modernen Zivilisationen durchaus vergleichbare strukturelle Differenzierung erreichen können. Seitdem ist uns der Dünkel einer fortschrittsgläubigen Überlegen-
heit verloren gegangen, mit der noch James Frazer Riten und
Mythen der >Wilden< betrachtete."* [61]

Die Ausgangsbasis der humanevolutionären Weiterentwicklung von Sprache bestand neben den Laut- und Sprachspielen
in der Entwicklung von Geschichten, auf die die Kinder reagierten und die sie zu hören wünschten.

> „Kleine Kinder lieben Geschichten und wollen immer wieder
> welche hören. Sie können komplexe Zusammenhänge begrei-
> fen, sobald man sie ihnen in Form von Geschichten präsen-
> tiert […]." [62]

Dabei geht es zunächst weniger um handfeste Informationen
wie im höheren Alter, sondern angesichts der neuen kulturalen
Grundlage des Menschen um eine Organisation seiner Neurologie = seines Bewusstseins. Neben Geschichten zur Unterhaltung kann die Systematik der hier wichtig werdenden Ge-

---

[61] Wolfgang Schmidbauer: Mythos und Psychologie, S. 19
[62] Oliver Sacks: Der Mann, der seine Frau, S. 242

schichten als Neuropsychogramme verstanden werden. Dieser
Sachverhalt ist bei uns als >Märchen< bekannt.

> „Kinder brauchen sie [*Märchen*], um ein elementares Ord-
> nungsgerüst zu erkennen, sie brauchen sie, um ihre noch dif-
> fuse Phantasie an Gestalten zu binden und somit ihre Welt
> dingfest zu machen. Märchen helfen den Kindern, sich in der
> Welt zu orientieren." [63]

> In seinem immer noch wichtigen Buch >Kinder brauchen Märchen<
> führt *Bruno Bettelheim* dies in vielem näher aus. In dem interessan-
> ten Buch >Märchen als Therapie< zeigt die Psychologin Verena Kast
> in anderer Hinsicht deren Bedeutung.

Diese Entwicklung begann mit Geschichten, die in irgendwel-
chen Einfällen entstanden. Doch im weiteren Verlauf der Humanevolution sammelten sich hierbei die gemeinhin beliebtes-
ten und wichtigsten Geschichten an. Daraus entstand zuletzt in
dem Bezug zu Sprache sowie zu der kindlichen Sprach- und
Bewusstseins-Entwicklung eine umfassende Systematik an
Geschichten zum Zweck von Sprache, Didaktik, Kultur incl.
Moral und Rechtsauffassung. Diese Systematik ist der ursprüngliche Hintergrund der >Mythologie<. Sie wird zu dem
Eigentlichen und Entscheidenden der neuen humanevolutionär
entwickelten Sprache bis zum Ende der Eiszeit.

> „Sprache ist in Mythen begründet (Mythos heißt in seiner ers-
> ten Bedeutung das Wort), und der Mythos umfasst noch bei-
> des, den Primär- wie den Sekundärvorgang, die Vergangen-
> heit wie die Zukunft, die Emotionalität und das rationale Er-
> klärungsbedürfnis." [64]

In der Tat: „Am Anfang war das Wort" = der *logos* = der
Mytho-Logos (man beachte die Verbindung *Wort* = dän. *ord* =
lat. *ordo* – *Ord*nung!). Die Mythologie als die erzählte Form

---

[63] Emma Brunner-Traut: Altägyptische Märchen, S. 9
[64] Wolfgang Schmidbauer: Wie Gruppen uns verändern, S. 149

der sprachlichen Organisation war in der humanevolutionären Entwicklung die didaktisch und als Sprache in Worten und Begriffen aufbereitete *Essenz* der Kultur- und Lebenserfahrung wie der Selbst- und Menschenkenntnis (>Erkenne Dich selbst<).

Durch die Mythologie wurde der Mensch diskursiv, bewusst, *Subjekt, Kommunikations-* und *Kulturwesen.* Durch die Mythologie als dialogisches Verhältnis zu den Kindern lernte sich der Mensch in seiner Bewusstseins-Entwicklung, in seinen emotionalen Bedürfnissen, in seinen Lernformen und Wahrnehmungen kennen und begreifen. Durch die Mythologie lernte sich der (Vor- und frühe) Mensch als *Mensch* verstehen, und so verstanden war die Mythologie in der Tat die Grundlage für das damalige Hinauskommen des Menschen über die Tierstufe. Dieses war freilich nur mit einer ganz bestimmten Mythologie und nur einem aufgeklärten Verhältnis zu ihr als Erwachsener möglich.

Das, was die humanevolutionär entwickelte Sprache von der hominiden Sprache aus bloß Vokabular und Grammatik im Entscheidenden unterscheidet, ist >die Mythologie<.

„Erfahrung und Handeln sind nicht möglich, wenn sie nicht ikonisch organisiert sind. Die >Speicherung im Gehirn< von allem, was lebendig ist, muss ikonisch erfolgen. Es ist dies die endgültige Form der Speicherung [...]." [65]

„Der heutige Mensch misst seiner Fähigkeit zu abstraktem Denken zuviel Bedeutung bei. Zwar verdanken wir dieser Fähigkeit einige nützliche Arbeitsmethoden, doch sind wir für ein wirkliches Verständnis abstrakter Gedanken auf einen reichhaltigen Vorrat von Bildern aus dem realen Leben angewiesen. Könnten wir nicht auf diese Erfahrungen zurückgreifen, blieben die abstrakten Gedanken trockene, leblose

---

[65] Oliver Sacks: Der Mann, der seine Frau, S. 199

88

Wortaneinanderreihungen, die in uns keine lebendigen Vorstellungen wecken." [66]

Modell:

Evolution von Sprache	Biologische Art
Von **Lauten** zu **Wörtern**	*Hominidus habilis*
Von **Wörtern** zu 2- + **3-Wort-Sätzen**	**Spätphase** *Hominidus habilis* ►►►
Sätze und **Satzfolgen** *zum Zwecke bzw. im Kontext von Erledigungen* (von einfachen Anfängen bis später beliebig komplex)	*Hominidus erectus*
Erzählen zur Unterhaltung; erste **mythologische** Motive und erste **kulturelle** Begriffe	*Homo archaicus*
Voll entwickelte **Mythologie** + **Kultur**	**Archaischer** *Homo sapiens* ►►►
	Homo sapiens

---

[66] John McCrone: Als der Affe sprechen lernte, S. 152

„Der *Mond*-Kult [*richtiger: die Mond-**Mythologie***] ist über die ganze Erde verbreitet." [67]

Zum zentralen Motiv der humanevolutionären Mythologie wurde z.B. *(Ma-) Ma-Ma,* die >Ur-Mutter< aller/alles Lebenden< (s. z.B. die eiszeitlichen „Venus"-Figuren, S. 37 f., S. 85). Es spricht einiges dafür, dass dieses mythologische Erzähl-Motiv für die Kleinkinder anhand des „Voll-Mond-Gesichts" illustriert wurde. *MaMa* oder auch *NaNa* (→ S. 151), *MaNa* (dt. > *Mond – Mensch – Minne –* engl. *mind*) erscheint in der eiszeitlichen Sprache des Homo sapiens als ein Wortspiel, das u.a. *Mama, Ur-Mutter, Ur-A^{h}n^{os}, Groß-Mutter, Mond-Mutter* (*DiAna*) usw. bedeuten kann, was im übrigen mit dem weiblichen *Mond= Monats*-Zyklus in Verbindung gedacht ist. Die Symbolik und entsprechende Wortformen sind weltweit verbreitet. S. hier auch das Trommelbild (vgl. auch S. 94); beachte hier an den >Flügeln< die Zahl 9 (s. zu >9< auch → S. 150 f.).

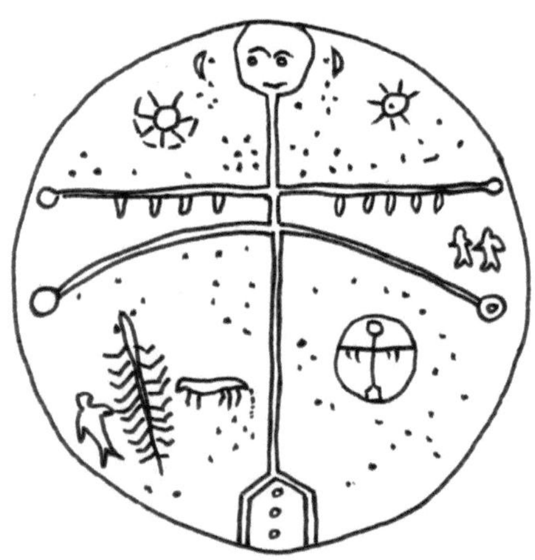

Nachzeichnung: „Trommel der Abakantataren", nach: Mihály Hoppál, Schamanen und Schamanismus, S. 130 f.

---

[67] Friedrich Heiler, Erscheinungsform und Wesen der Religion, S. 56

Modell der humanevolutionären *Weiterentwicklung* von Sprache

wie sie sich mir darstellt:

höhere neurologische Unreife der Geburten →
Sprachspiele wie *ei-tei-tei* und *du-du-du* + „Jägerlatein" →
Tier-Geschichten & menschliche Begebenheiten →
Tier-Rollen-Spiele sowie anthropomorphe Fabeln, Märchen &
Role-Models (Modelle für Rollen) → moralisch-kulturelle
Verstehens-Entwicklung = Beginn der Selbststeuerung

→ Überblick über seine anthropologischen Gegebenheiten und
Möglichkeiten → kulturelle Begriffe → Mythologie → die
kulturelle Sprach-Anlage →

explizit entworfene Kultur-Konzeption → Realisation von
Kultur → die evolutionäre Ausbildung unserer

Art ***Homo sapiens,***

die alles dies an kulturellen Gegebenheiten in ihrer kulturalen
Anlage **voraussetzt** (wie ein Computer eine *bestimmte* Software)

„Die Feingliederung der Sprachen, mit der wir heute leben, geht in ihren Anfängen auf die Periode der letzten Eiszeit zurück (vor ca. 12.000 Jahren). [...] Die formativen Prozesse aller bekannten Sprachfamilien sind nicht älter als ca. 10.000 bis 12.000 Jahre." [68]

Diese Auffassung des Sprachforschers Harald Haarmann entspricht im Prinzip meinen Ergebnissen, mit dem Zusatz, dass die neue historische Sprachentwicklung auf der Basis von Vokabular und Grammatik ganz spezifisch auf die Mesolithische Revolution im Nahen Osten zurückgeht, die grob um 11.000 v. Chr. anzusetzen ist. Unter den neuen Anforderungen bei der Organisation der neuen Sozialverhältnisse, die am Ende der Eiszeit im Nahen Osten entstanden waren, wurde die humanevolutionär entwickelte Sprachform unbrauchbar und eher zum Hindernis, da sie an die eiszeitliche Kultur band. Es brauchte eine neue Sprach-Technik, die dann umgekehrt auch zur Grundlage der neuen Kulturentwicklung ab dem Ende der Eiszeit wurde. Die Ausprägung zu den verschiedenen Sprachfamilien lag jedoch tatsächlich noch etwas später.

Diese neue Sprach-Entwicklung basiert (historisch schrittweise) de facto auf der Auflösung der humanevolutionären Sprache zurück in Vokabular und Grammatik. Diese Form ist kein ursprünglicher Sachverhalt bei Homo sapiens, sondern das historische Produkt der Mesolithischen Revolution, die sich (als >Mebuntu<) samt ihrer Stammes-Verfassung über die Welt verbreitete. Die Mythologie wurde nunmehr zur Organisation seiner Sozialverhältnisse aufgenommen.

„Alle Mythen sind, so kann man sagen, ungeachtet ihrer Unterschiedlichkeit darin gleich, dass sie sich auf verblüffende Weise an nahezu identische Muster halten." [69]

---

[68] Harald Haarmann: Weltgeschichte der Sprache, S. 127
[69] Michael Jordan: Die Mythen der Welt, S. 9

92

Es zeigt sich, „dass Mythen aus ganz verschiedenen, oft weit voneinander entfernten Kulturkreisen erstaunliche Übereinstimmungen zeigen - eine von den meisten Anthropologen und Religionswissenschaftlern anerkannte Tatsache (Lévi-Straus 1967, Jensen 1951, Eliade 1959, Campbell 1956)." [70]

„Die Kunst der Anfänge [...] zeigt auf der ganzen Welt ähnliche Merkmale. Man hat angenommen, dass unser direkter Vorfahr nicht nur die Gewohnheit, Kunst zu produzieren, mit sich brachte, sondern auch eine bestimmte Art von Logik. Denn überall ist die Kunst nicht nur in ihrem Stil ähnlich, sondern auch in der Thematik und in der konstanten Assoziation von Ideogrammen und Bilderschriftzeichen [...]. Wir finden bebilderte Wände mit den gleichen Bildern und den gleichen Assoziationen in allen Kontinenten. Im späten Pleistozän, das heißt vor 12.000 bis 15.000 Jahren gibt es die ersten großen Unterschiede [...]." [71]

„Dass zahlreiche jüngere Jägerkulturen mit wesentlichen Zügen auf eine gemeinsame alte Wurzelkultur zurückgehen, darf jedenfalls als ausreichend wahrscheinlich gelten, mag im Einzelfall der Nachweis oft schwierig oder noch nicht möglich sein." [72]
„Dennoch gibt es erstaunliche Ähnlichkeiten schamanischer Ideen und Praktiken zwischen so weit voneinander entfernten Gegenden wie der Arktis, dem Amazonas und Borneo." [73]

„Andererseits muss die menschliche Sprachfähigkeit älter als 40.000 Jahre sein, da die Sprachen Amerikas, der Alten Welt sowie Australiens über Gemeinsamkeiten verfügen, die nicht mehrfach unabhängig voneinander entstanden sein können." [74]

---

[70] Wolfgang Schmidbauer: Mythos und Psychologie, S. 209
[71] Emmanuel Anati: Höhlenmalerei, S. 401 f.
[72] Karl J. Narr, in: Saeculum Weltgeschichte, Band 1, S. 76
[73] Piers Vitebsky: Schamanismus, S. 11
[74] Horst M. Müller: Arbeitsbuch Linguistik, S. 288

„Ein klassisches Beispiel für Einheitlichkeit und geringe Differenzierung sind die *Turksprachen*. Wenn auch die Monotonie der soziologischen Verhältnisse von entscheidendem Einfluss auf diesen sprachlichen Konservatismus sein wird, so ist die andere Bedingung für diese Erscheinung der Nomadismus, der seinerseits den weiten Raum zur Voraussetzung hat.
>In der Horde herrschen die zentripetalen, in den Dörfern die zentrifugalen Kräfte<. Man kann ruhig behaupten, die *Sesshaftigkeit* und die damit verbundene Kulturentwicklung *differenzieren* eine Sprache, der Nomadismus dagegen wirkt *vereinheitlichend*. […]. Die schärferen Dialektgrenzen scheinen sich erst durch das Sesshaftwerden herausgebildet zu haben." [75]

Beispiel des Kernbereichs der humanevolutionär entwickelten Mythologie: [76]

„Weltenbaum auf einer sölkupischen Schamanentrommel. Der Baum wurzelt in der dreischichtigen unteren Welt, die oberen drei Astpaare bezeichnen die Himmelsschichten. Der Baum ist zugleich Achse eines kosmischen Gesichts mit Sonne und Mond als Augen."

---

[75] Georg Soltz, in: Anton Scherer: Die Urheimat der Indogermanen, S. 340
[76] Text und Nachzeichnung nach: Mihály Hoppál: Schamanen, S. 158

94

4.4 Der Anfang war die Utopie

Am Anfang war der Mytho-Logos, *der* Anfang war die Utopie.

Es stellt sich insgesamt dar, dass der erst eigentliche human-evolutionäre Prozess auf die Verwirklichung einer sehr konkret aufgestellten Utopie zurückging.

Im Unterschied zu den evolutionären Entwicklungen auf der Ticr-Stufc crklärt sich die humanevolutionäre Entwicklung gerade nicht durch Natur-Prozesse wie etwa durch einen geologischen Umbruch oder durch Gen-Mutationen. Allenfalls die Anfänge der Humanevolution lassen sich insofern durch Biologie erklären, als dass sie mit neurologisch unreiferen Frühgeburten in Verbindung stehen (→ 4.2).

Auch der hinter der Humanevolution stehende evolutionäre Druck eines zu unfähigen Soziallebens kann ihren Erfolg nicht zureichend erklären. Dieses Problem stellte sich ja bereits den späten Hominiden. Doch vermutlich werden sie entsprechend ihrer Verhaltensmechanismen versucht haben, die internen und externen Aggressionen zu bekämpfen - was dann ein Grund für ihr Aussterben gewesen sein könnte, da durch dieses Bekämpfen die eigentlichen Probleme nicht gelöst, sondern vielmehr gesteigert wurden. Auf diese Weise ließ sich das entstandene evolutionäre Problem nicht bewältigen.

Die humanevolutionäre Lösung bestand in der Entwicklung von Selbststeuerung und Kultur: einer selbst bestimmten aktiven Gestaltung seines Lebens. Das Kreativ-Spielerische der Kindheit war hierbei der entscheidende Anfang. Doch um über die sozialen Probleme der genetisch ererbten Verhaltensformen auf der Erwachsenen-Ebene hinauszukommen, brauchte es einer motivierenden **Zielvorstellung** eines produktiven Beziehungs- und Sozial-Lebens: einer hinreichend deutlichen >Utopie<, die genügend Zuspruch fand.

Diese Utopie entstand aus der ursprünglichen Mythologie. Es
waren die Geschichten für die *Klein*kinder, aus denen mit der
Mythologie die Utopie entstand. Wenn diese Geschichten, wie
es die Kleinkinder hören wollten, von der >Ur (=*Mond*) -Mut-
ter< erzählten, dass sie extra für sie diese Welt zwecks Glück
und Liebe geschaffen habe - was die Kleinkinder tatsächlich
auch so empfanden -, so brachten diese Geschichten auch die
Erwachsenen auf die Idee, dies auch für sich entwickeln zu
wollen.

Mit dieser Idee, Mythologie und Utopie entstand die soziale
Ausrichtung der humanevolutionären Entwicklung. Anders als
die Hominiden reagierten die Menschen des humanevolutionären Prozesses nicht nur auf die Kinder, sondern sie nahmen das
Kreativ-Spielerische der Kinder in einem dialogischen Verhältnis zu den Kindern mehr und mehr aktiv, gezielt und dann
auch in Weiterentwicklung auf der Erwachsenen-Ebene auf.

Als einfach darf man jedoch diesen Schritt von der Kultur der
Kindheit hin zur vollen Kultur auch auf der Erwachsenen-
Ebene nicht denken. So einfach waren ein fähiges Sozialleben
und der Zugriff auf die genetische Verhaltenssteuerung nicht
zu erreichen. Evolutionär war dies noch mit einem erheblichen
Prozess verbunden (s. dazu → Kap. 5 und 6). Auch reichten die
Themen für die Kindheit noch längst nicht zur Klärung der
Themen auf der Erwachsenen-Ebene hin.

Doch auch wenn die Erwachsenen-Ebene zunächst noch immer
genetisch gesteuert blieb, so hatte das immer höhere Niveau
der kreativ-spielerischen Aktivitäten der Kindheit mit ihren
bedeutsamen Folgen für ein immer optimierteres Sozialleben in
der Sozialisation eine Wirkung für das Verhalten als Erwachsener. Die Entwicklung der theaterartigen Spiele bedeutete
einen Effekt für das Verhaltens-Potential, und die Entwicklung
der mythologischen Geschichten war mit der zunehmenden
Fähigkeit zu Kommunikation und Reflexion verbunden. So
kam man humanevolutionär Schritt für Schritt dem Eigentlichen näher, zunächst langsam, dann in den positiven Wechsel-
bezügen zunehmend schneller.

Diese Entwicklung entstand genau wie >Identität< (→ 5.2) aus dem positiven *Wechselverhältnis* zwischen dem ursprünglich Gegebenen *und* der Ausrichtung auf seine Utopie. Aufgrund der sprachlichen Weiterentwicklung treten in den mythologischen Geschichten, die die Kleinkinder zu hören wünschten, die entscheidenden Neuropsychogramme heraus. Dies ist nicht nur die Grundlage, dass Sprache überhaupt zu einer Funktion der Verhaltenssteuerung erwachsen konnte. Diese Neuropsychogramme der Geschichten für die Kleinkinder wurden gleichzeitig auch zur Utopie: zum *Ziel* der nunmehr selbst angeleiteten Evolution von Kultur.

So hat der Mensch wohl immer eine *Voraus*-Setzung. Doch ist infolge der humanevolutionären Entwicklung der Kulturalität des Menschen dieses Voraus immer auch >utopisch< und teleologisch angelegt. Hier liegt die große Bedeutung der Beiträge von Ernst Bloch, z.B. mit >Das Prinzip Hoffnung<. Der *Mensch* kann nie nur aus der Biologie und der Vergangenheit her verstanden werden (was umgekehrt freilich auch nicht unterbewertet werden darf). Als kulturales Wesen ist immer auch das Bewusstsein incl. >Hoffnungen< und >Ziele< von Bedeutung. Die Entwicklung von Kultur ist aus der Utopie, aus einem immer klareren Verstehen der Grundlagen eines fähigen Soziallebens und dem Ziel seiner Verwirklichung entstanden. Ohne einen gemeinschaftlich geklärten Bauplan seines Soziallebens ist ein fähiges Sozialleben weit weniger möglich als ein Hausbau.

Die Utopie eines fähigen Soziallebens entstand aus den mythologischen Geschichten, die die Kleinkinder zu hören wünschten. Was aber neben dem allgemeinen Bedürfnis eines fähigen Sozial- und Beziehungs-Lebens evolutionär zu der Verwirklichung von Kultur geführt haben dürfte, war sicherlich die Annahme, dass auch in dem Geschlechter-Verhältnis eine wirkliche Kultur: Beziehung und Liebe möglich sein müssten. Und warum eigentlich nicht?

4.5 Kommunikation, Beziehung und Liebe

„Dass wir miteinander reden können,
macht uns zu Menschen."[77]

Wie in diesem Buch an vielen Stellen aufgenommen wird, so
steht die Humanevolution insgesamt primär mit der Entwicklung einer völlig neuartigen Dimension an Sozial- und Beziehungsleben in Verbindung. Dies wird auch gerade in Bezug auf
Liebe augenfällig.

Es trifft wohl zu, dass das Sozialleben bei den höheren Primaten besonders entwickelt ist, doch hat dies seinen eigentlichen
Grund in ihren extrem langen Kindheiten.[78] In Bezug auf die
Anforderungen entwickelte die Primaten-Evolution bis hin zu
den Hominiden wohl hohe Fähigkeiten und Intelligenz, doch
jenseits des Funktionellen blieben die Fähigkeiten im Umgang
mit einander auf der Erwachsenen-Ebene aufgrund der genetischen Verhaltensanlage arg begrenzt. In Bezug auf die Menschenaffen heißt es:

„[…] wo Koalitionen zerbrechen, Allianzen wechseln, Ver-
bände sich auflösen, Geschwister einander aus den Augen
verlieren, Hierarchien wanken, Paarungen nur so lange halten
wie die Glut der Brunst, ist die Mutter-Kind-Beziehung die
stabile Einheit, der Kitt, der hält, wenn es im Leben durch
dick und dünn geht."[79]

---

[77] Michael Lukas Moeller: Die Wahrheit beginnt zu zweit, S. 20. Der Satz
scheint jedoch von dem Philosophen Karl Jaspers zu stammen (ebd. S. 45)

[78] „Daraus ergibt sich, dass die Basis allen Sozialverhaltens innerhalb von
Primatengruppen ausnahmslos die Mutter-Kind-Beziehung ist."
R. E. Leakey & R. Lewin: Wie der Mensch zum Menschen wurde, S. 58

[79] Uta Henschel, in: GEO Wissen „Die Evolution des Menschen", S. 58 f.

Gerade mit ihrer enormen technischen Intelligenz wurde die genetische Verhaltensanlage der Hominiden jenseits der geologischen Notstandsprobleme und hoher Anforderungen zu solch einem Problem, dass diese Stufe komplett ins Aussterben geriet.

Von dort her entstand der evolutionäre Druck, aus dem die humanevolutionäre Entwicklung entstand. Da im Allgemeinen gar keine sonderlichen Anforderungen in Hinsicht auf das Überleben bestanden, kam sie zunächst dahin, ihre überschüssigen Energien und Ideen statt in die Erfindung neuer Probleme oder aber in Konkurrenzkämpfe vielmehr in die Zuwendung zu den Kindern zu stecken. Die Grundlage der neuen Qualität im Sozial- und Beziehungs-Leben liegt zuerst in der neuen Dimension des Spiels (→ Kap. 3).

Zu diesen Spielen gehören im Besonderen auch die Sprachspiele und die Erzählgeschichten. Bereits die >Märchen< für die Kinder eröffnen eine neue evolutionäre Dimension an Beziehung **und** Kommunikation, denn als Neuropsychogramme stehen diese Geschichten mit emotionalen Entsprechungen in Verbindung. Die Geschichten sind nicht beliebig, der Zeitpunkt ihres Erzählens nicht, die Art ihres Erzählens und der jeweiligen Gestaltung der Geschichten nicht. So richtig (gut) funktionieren diese Geschichten nur in einem wirklich dialogischen Verhältnis zwischen Erzähler*in und den Kindern. Das Erzählen der Geschichten und ihre Aufnahme sind eine frühe Form der sprachlichen Kommunikation, längst bevor sich die Kinder personal artikulieren können. In einem gewissen Sinn baut die Kommunikation zwischen den Erwachsenen auf der Entwicklung dieser Bilder und Geschichten auf. Hier noch einmal die eine der >5 Goldenen Erkenntnisse< des Paar-Psychologen M.L. Moeller:

„Ich möchte in unserer Beziehung lernen, mich in konkreten Erlebnissen und nicht in Begriffen zu erläutern, weil Bilder und Geschichten erst wirklich tief gehend und umfassend wiedergeben können, wer ich bin – und wer Du bist." [80]

---

[80] Michael Lukas Moeller: Die Liebe ist das Kind der Freiheit, S. 16

Weiterhin ist anzunehmen, dass hier auch die ursprüngliche Form von >Mythologie< eine höchst bedeutsame Rolle spielte. Sie stellte auf den verschiedenen Stufen der kindlichen Entwicklung und für die verschiedensten Aspekte seines Sozial- und Beziehungs-Lebens eine in langer Zeit ausgewählte Sammlung an Bildern und Geschichten bereit. Man verfügte damit über ein nötiges und bewährtes Repertoire an Bildern und Geschichten, um sich *als Person* mitteilen zu können, und man hatte mit seiner Mythologie einen Überblick, was mitgeteilt wurde, und auch, was nicht. Man konnte diese Mitteilungen auch als normaler Hörer decodieren (wofür es heute in Teilen eine therapeutische Ausbildung braucht) und diese quasi wie mit GPS auf einer Welt- oder Landkarte in einem Ganzen von Persönlichkeit und Kultur verorten. Bei Hungersnot, Langeweile, Streitigkeiten, Beziehungsprobleme, Ungerechtigkeiten, Krankheiten usw. konnte zur Not der/die Schamane/in aufgrund dieses Überblicks in die entstandene Schieflage zwischen Individuen – Verband – Kultur eingreifen und dieses Verhältnis in passenden Techniken neu ausrichten. Der Gesamtzusammenhang ist hierbei das Entscheidende.

Ganz ohne Zweifel ist die Evolution von Selbststeuerung, Kommunikation, Beziehung und Liebe (in dem neuen Sinn) als direkter Zusammenhang zu sehen. Mit Kommunikation lernte man, sich von seinem Empfinden und Inneren her mitzuteilen und den und die Andere/n von ihrem Inneren zu verstehen. Dabei ergibt sich:

> *„[...] getreu dem Motto, dass jeder Mensch liebenswert ist, wenn er nur wirklich zu Wort kommt [...]"* [81]

> „Unsere Zuneigung wächst, je mehr wir voneinander erfahren. Das ist ein klassisches Ergebnis der Sozialpsychologie und der menschlichen Verhaltensforschung." [82]

---

[81] Friedemann Schulz von Thun: Miteinander reden, Band 3, S. 175
[82] Michael Lukas Moeller: Die Wahrheit beginnt zu zweit, S. 33

100

„Kooperation und Mitmenschlichkeit leben davon, dass wir uns gegenseitig auf dem Laufenden halten, was in uns vorgeht. Selbstausdruck und Anteilnahme gehören zu den vitalen Lebensbedürfnissen des Menschen. [...] Kommunikation dient aber nicht nur dem Ausdruck dessen, was ist, sondern auch der Hervorbringung dessen, was sein soll." [83]   (> *Utopie* → 4.4)

„Durch die Gewaltfreie Kommunikation werden Sie verstehen, dass
- alles, was ein Mensch jemals tut, ein Versuch ist, Bedürfnisse zu erfüllen;
- es für alle Beteiligten förderlicher ist, Bedürfnisse durch Kooperation statt durch Konkurrenz zu erfüllen;
- es Menschen von ihrer Natur her Freude bereitet, zum Wohlergeben anderer beizutragen, wenn sie das freiwillig [und in ihrer eigenen Form] *tun können."* [84]

Es wird bei diesen wenigen Zitaten schon deutlich, welche fundamentale Bedeutung Kommunikation in dem menschlichen Sozial- und Beziehungs-Leben hat. Tatsächlich ist sie (und nicht die Sprache als solche) in Verbindung mit der humanevolutionären *Weiter*entwicklung von Sprache und den unter Stufe 2 ausgeführten Komponenten als der zentrale Sachverhalt der Humanevolution zu sehen. Mit der Befähigung zu wirklicher Kommunikation incl. Konfliktumgang – vor allem im Geschlechter-Verhältnis und insbesondere in Sachen Liebe – wurde es evolutionär möglich, über das Sozialleben der Tierstufe mit Macht, Gewalt und Konkurrenzkämpfen hinauszukommen, konnten sich auf ihr seine Bedürfnisse nicht in Introspektive artikulieren und vermitteln. Eine wirkliche Kommunikation ist dazu die einzige tatsächliche Alternative. Das bloße >Reden< und eine bloße Sprache mit Wörtern und Grammatik machen es nicht. Dies ist nur für funktionelle Tätigkeiten wie

---

[83] Friedemann Schulz von Thun: Miteinander reden, Band 1, S. 243
[84] Marshall B. Rosenberg: Gewaltfreie Kommunikation, S. 1

Dienstleistungen und Produktion geeignet; die eigentliche Persönlichkeits-Ebene erreicht dies nicht.

Was hier in Bezug auf das Sozial- und Beziehungs-Leben insgesamt gesagt wurde, gilt insbesondere für den Bereich Liebe. Gerade auf diesem Gebiet ist der fundamentale Unterschied zwischen dem gängigen Geschlechter-Verhältnis der Primaten und dem Menschen besonders auffällig. Ein wirkliches Beziehungs-Verhältnis besteht bei den Primaten fast nur auf der Mutter-Kind-Ebene, kaum zwischen den Geschlechtern. Dies hat seine Gründe in der Evolution der Primaten, die auf der Stufe vor den Affen eine Single-Existenz war, da die Weibchen mit dem langen Betreuen ihres jeweiligen Kindes bis an die Grenze der Existenzfähigkeit beschäftigt waren (tatsächlich ist die Stufe weitgehend ausgestorben). Die Männchen spielten hier fast nur für die Paarung eine Rolle, und entsprechend heftig war die Konkurrenz der Männchen gegeneinander.

Von dort her entstand in der Evolution der Primaten die Konsequenz, dass das Bemühen um eine >erotische Attraktivität< eine enorme Größe in der genetischen Verhaltens-Anlage der Primaten-Linie wurde. Dies steht evolutionär auch hinter den Konkurrenzkämpfen um Macht, Rang, Status, Prestige, >Erfolg< usw., auch in dem historischen Prozess (aus dem in den Notstandsproblemen in den drastischen Naturumbrüchen am Ende der Eiszeit entstandenen Mangel an Kultur und Persönlichkeit).

Doch wenn auch das Eros-Motiv in der Verhaltensanlage der Primaten-Linie einen ungewöhnlich hohen Stellenwert bekam (der auch in Form der Unterdrückung von Sexualität zu Buche schlägt), so richtete sich der ganze Aufwand aber eher gegen die Konkurrenz der Geschlechtsgenossen und nur arg begrenzt, wenn überhaupt, als Zuwendung zu dem/der Partner/in. Entsprechend ist die Brunst wohl heftig, aber nicht groß von Dauer, und ggf. erschöpft sie sich gar in einer Paarung von etlichen Sekunden.

Das Eros-Motiv etwa als Faszination am anderen Geschlecht auch jenseits akuter Brunstanfälle (hormonelle Anwandlungen) und als Interesse an einer besonderen Beziehung mit einem einzigartigen >Du< sowie bestimmte Dimensionen an Liebe sind hier effektiv als Bestandteile der humanevolutionären Entwicklung zu sehen. Es geht hierbei nicht um ein Männchen-Weibchen-Verhältnis und um bestimmte soziale Verhaltensmuster, wie sie je nach Art schon auf der Tier-Stufe zu sehen sind.

>Beziehung< bedeutet beim Menschen ganz entsprechend der Entwicklung von Kultur und Persönlichkeit eine evolutionär völlig neuartige Dimension. Doch gilt es zu begreifen, dass wir wohl auf diese völlig neuartige Dimension hin angelegt sind, aber diese deswegen (anders als bei der genetischen Verhaltens-Steuerung) nicht „von selbst" besteht. Bloß mit „Gefühl" wird von den notwendigen Prozessen in der Entwicklung wirklicher Beziehungen noch nichts wahrgenommen und verstanden (worauf etwa auch Erich Fromm in seinem Buch >Die Kunst des Liebens< völlig zu Recht verweist, z.B. dort S. 9).

Es ist insgesamt deutlich zu sehen, dass die menschlich einzigartigen Dimensionen von Beziehung/en, Eros und Liebe mit der humanevolutionären Entwicklung von Selbststeuerung, Identität, Personalität und Kommunikation in Verbindung stehen und im Eigentlichen auch nur in dieser Verbindung erreicht werden können.

Welche zentrale Rolle Kommunikation für eine langfristige, gute oder gar glückliche Beziehung spielt, macht vor allem die Literatur von M. L. Moeller in den verschiedenen Hinsichten deutlich (s. auch Literaturverzeichnis). Ich kann sie nur empfehlen, doch hier nicht die ganzen Aspekte dieser Thematik aufnehmen.

Von daher hier nur zwei Zitate:

„Eine Angst, die unausgesprochen bleibt, trennt und behindert. Wenn sie jedoch ausgesprochen wird, beginnt sie sich nicht nur zu verwandeln, sie bindet auch aneinander." [85]

„>Eigentlich wollten wir einfach glücklich sein, aber wir konnten nicht miteinander reden.< Dieser Satz eines Paares, das sich trennte, ist für mich der typische Abgesang der heute allseits belasteten Beziehungen.
Gibt es überhaupt noch eine Chance für eine bessere Beziehung. Ich glaube ja. Miteinander reden macht glücklichere Paare. Nur wie? Der entscheidende Weg ist das wesentliche Zwiegespräch. Die in ihm enthaltenen Grundeinsichten aus der Psychoanalyse der Zweierbeziehungen haben auch mein Paarleben tief greifend verändert. Ein Paar: >In den letzten drei Monaten mit Zwiegesprächen haben wir mehr voneinander erfahren als in zehn Ehejahren vorher.<" [86]

---

[85] Michael Lukas Moeller: Die Wahrheit beginnt zu zweit, S. 249
[86] Michael Lukas Moeller: Die Wahrheit beginnt zu zweit, Buchrückseite

Die humanevolutionäre Stufe II

Die Ausprägung von Kultur & Persönlichkeit

„Aus dieser Perspektive betrachtet, erweist sich also die Fähigkeit von Menschen, bewusst zu handeln, sich ihrer selbst bewusst zu werden, ihr Bewusstsein zu schärfen und zu erweitern, als eine Kulturleistung. "[87]

„Unser Gehirn ist also ein soziales Produkt und als solches für die Gestaltung von sozialen Beziehungen optimiert. Es ist ein Sozialorgan. Erst in einer derartigen entwicklungsbezogenen Perspektive bekommt man in den Blick, dass menschliche Gehirne Organe sind, die ausschließlich in einem Netzwerk von anderen Gehirnen überlebens- und entwicklungsfähig sind. "
(ebd. S. 44)

„Dieser >stumme< Hirnteil [der Präfrontale Kortex im Stirn-Bereich]*, der uns einige Milliarden Nervenzellen zu beliebiger Verfügung stellt, ist der materielle Grund für die unerschöpfliche Vielfalt menschlicher Verhaltensmöglichkeiten.* "[88]

---

[87] Gerald Hüther: Was wir sind und was wir sein könnten, S. 141
[88] Hoimar von Ditfurth, Der Geist fiel nicht vom Himmel, S. 254

Der zentrale Sachverhalt der humanevolutionären Entwicklung ist die Aneignung der genetischen Verhaltenssteuerung zur Fähigkeit zur Selbststeuerung [89] seines Sozialverhaltens und seiner Sozialverhältnisse in gemeinschaftlicher Kommunikation zwecks eines fähigen Soziallebens. Mit dieser Aneignung = *der Evolution von >Kultur<* verknüpft sich die Transformation vom >Tier< zum >Menschen<.

Diese Fähigkeit zur Selbststeuerung der zuvor genetischen Verhaltenssteuerung des Zwischenhirn-Bereichs ergibt sich nicht schon durch die Großhirn-Anlage an sich und auch nicht - wie das magizistische Denken meint - direkt und per se durch Sprache. Die Fähigkeit zur Selbststeuerung ist auch noch etwas entscheidend Anderes als die Fähigkeit zu >Dienstleistung und Produktion<, die, wie schon ausgeführt, bei uns genetisch von der evolutionär vorausgehenden Stufe ererbt ist und anders als die Selbststeuerung kein tatsächliches >Ich< voraussetzt.

Der Erwerb der Fähigkeit, die genetische Verhaltenssteuerung seiner eigenen Steuerung zu unterstellen, war ein langer und außerordentlich anspruchsvoller Prozess – eben der Inhalt einer ganzen evolutionären Entwicklung über mehrere Etappen: der Inhalt der Humanevolution von über 300.000 Jahren.

Die Evolution der Hominiden bedeutete hier keineswegs eine einfache Anbahnung dieser Entwicklung, sondern durchaus ebenso auch eine erhebliche Hypothek. Denn die bloß technische Intelligenz bedeutete jenseits von äußeren Notstandsproblemen auch eine Verschärfung von Macht, Gewalt und einem innersozialen Konkurrenz-Verhalten. Darin wird ein Grund ihres Aussterbens gelegen haben. Die humanevolutionäre Entwicklung musste also die Probleme von Macht und Gewalt lösen und über die hitzigen Konkurrenzkämpfe um Ränge und Geschlechtspartner hinauskommen.

---

[89] Einige Gesichtspunkte dazu enthält das neuere und gut lesbare Buch >Selbststeuerung< des Neurobiologen Joachim Bauer.

Doch stellte die Hominiden-Evolution mit ihrer Evolution an Großhirn und von Sprache auch eine Grundlage, die – nämlich über die neuartige Zuwendung zu den Kindern – auch den Zugriff auf die genetische Verhaltenssteuerung ermöglichen sollte.

Die besondere Größe der Großhirn-Entwicklung mit ihrer technologischen Intelligenz und Sprache unter den Hominiden hatte das Potential für die humanevolutionäre Entwicklung angelegt. Ohne diese Voraussetzungen wäre die humanevolutionäre Entwicklung nicht möglich gewesen. Dennoch bedeutet die humanevolutionäre Entwicklung einen substanziellen **Umbau** in dem **Verhältnis von Großhirn und Zwischenhirn** mit genetisch-neurologischen Konsequenzen in der Gehirnanlage.

Vor allem bei dem sogar etwas größeren Gehirn des Neandertalers wird dies schon an der Form ersichtlich: der Umbau des Gehirns verlagert sich von dem hinteren Bereich zugunsten des Ausbaus im vorderen Bereich, der nämlich mit der Verhaltenssteuerung verbunden ist. Äußerlich wird dies evolutionär an der Aufrichtung der Stirn ersichtlich. (Die Rückbildung im hinteren Gehirnbereich dürfte sich durch die deutlich vereinfachende Technik der humanevolutionären Sprachform erklären).

Im Ursprünglichen bedeutete die Evolution des Großhirn-Bereichs bis zur Humanevolution eine Erweiterung der Zwischenhirn-Anlage um die Lern-Entwicklungen in der Kindheit. Dieses Verhältnis wird nun umgekehrt. In der humanevolutionären Entwicklung verknüpfen sich das Leben und das Lernen nicht mehr *primär* mit der Überlebens-Besorgung und mit Technischem. In ihr wird das Kulturelle zum Primat: in Kommunikation, Beziehung, die Gestaltung seines Soziallebens und die Erschließung von Lebensqualität. Weil jenseits der besonderen Problemstellung in den geologischen Umbrüchen seit der Stufe der einfachen Affen nicht mehr die Umwelt (Ernährung, Sicherung vor Fressfeinden usw.), sondern das Sozialleben zum Primat in der Lern-Entwicklung geworden war, war dieses kulturelle Primat nur konsequent und deswegen auch möglich und dann auch evolutionär so überaus erfolgreich.

Zuerst werden über die Spiele und die Geschichten der Kindheit die Personen und das Personale zum *Primat*. So erhalten die vom Großhirn-Bereich ermöglichten Lern-Entwicklungen nun auch Steuerungs-Funktionen für den Zwischenhirn-Bereich, bis hin zu dem evolutionären Resultat der Aneignung der genetischen Verhaltens-Steuerung in den *evolutionär entscheidenden* Sachverhalten: nämlich zwecks eines fähigen Soziallebens. Dies ist, wie gesagt, der zentrale Inhalt der Humanevolution mit ihrem Resultat unserer Art Homo sapiens. Durch diesen Sachverhalt wird der >Mensch< *genetisch* zum >Subjekt< und zum >kulturalen Wesen<.

Freilich waren die über die Hominiden hinausgehenden Entwicklungen an Spiel und einer nun kulturell fundierten Sprach-Entwicklung noch lange nicht dazu befähigt, die biologische Mauer der genetischen Verhaltens-Anlage zu überwinden.

Alle die zunächst mit der Evolution der Kindheit verbundenen Entwicklungen änderten insgesamt noch gar nichts an der Arbeitsform der neurologischen Großhirn-Anlage. Wohl bedeuteten die neuen Entwicklungen auf der ersten Stufe der Humanevolution Veränderungen in der Sozialisations-Prägung. Doch letztlich verblieb man auch hier immer noch unter dem bisherigen Gesetz der Gehirn-Anlage, das eine Verhaltens-Freiheit zwecks Erfahrungs-Erwerbs **nur** im Rahmen der Kindheit ermöglichte. Der erreichte Stand wurde dann mit der Geschlechtsreife in den Nervenbahnen fixiert (>myelinisiert<).

Damit war mit dem inzwischen humanevolutionär entwickelten Stand wohl schon ein sozial fähigeres Verhalten entstanden. Doch ein Zugriff auf das Eigentliche der genetischen Verhaltens-Steuerung war damit noch nicht erreicht.

Dieser Zugriff konnte erst erreicht werden, als man humanevolutionär die inzwischen schon in Kommunikation und Rollen-Theaterspielen aktiv gesteuerte Sozialisations-Entwicklung über die Geschlechtsreife hinaus auszudehnen verstand. Der Zugriff auf die eigentliche neurologische Verhaltenssteuerung wurde erst möglich, wo man noch nach der Geschlechtsreife

Einfluss auf sie gewann und ihre *eigentlichen* Lern-Inhalte verstand. Erst mit diesem evolutionär **neuen Moratorium** zwischen Geschlechtsreife und der nun erst wirklichen Erwachsenheit, sprich von Pubertät und Jugend wurde neurologisch der evolutionär entscheidende Schritt zum >Menschen< erreicht. Daraus entwickelte sich dann unsere Art Homo sapiens.

Mag dieser Schritt quantitativ in dem Gen-Bestand überaus gering liegen, sodass eine überaus **enge** Verwandtschaft mit den Schimpansen erscheint, so verknüpft sich mit diesem *kleinen Unterschied* doch ein **kategorialer** evolutionärer Umbruch, mehr noch als vom Quastenflosser (Fisch) zur Echse.

Wohl **entstammt** der >Mensch< evolutionär den >Primaten< und entspricht er genetisch bis auf einen kleinen Unterschied den Primaten und im Besonderen der Proto-Schimpansen-Linie. Auch kann gegenüber den Hominiden der Spätzeit nicht von einer substanziell neuartigen Gehirngröße gesprochen werden, die auch eher zum Handicap geworden war. Infolge des riesigen Überschusses gehen bei uns ganz natürlich tagtäglich Massen an Gehirnzellen ein, was durchaus der Konzentration förderlich ist (doch kann es etwa zu Demenz führen, die Gesamtlage des Gehirns durch falsche Einseitigkeiten und/oder ein zu stereotypes Leben zu unterminieren).

Der **kategoriale** Umbruch vom >Tier< zum >Menschen< verknüpft sich mit der evolutionären **Aneignung** der genetischen Verhaltens-Steuerung. In Verbindung mit der humanevolutionären Entwicklung von Kultur (im eigentlichen Sinn) wird der Mensch mit ihrer >Installation< zum Subjekt seines Selbst. Damit ist eine vollkommen neuartige eigene evolutionäre Stufe jenseits der >Tiere< - also auch **jenseits** der Primaten – entstanden.

Die menschliche Natur ist wegen der Anlage zur Selbststeuerung keineswegs beliebig. Doch ist sie darauf – wie ein Auto – ausgerichtet, dass der Mensch sowohl als erwachsenes Individuum als auch in Gemeinschaft das Steuer übernimmt. Wenn hierbei ständig Unfälle entstehen, liegt das nicht am >Auto< an sich, sondern an der mangelnden Qualifizierung bzgl. der Fahrtüchtigkeit: nicht an der Natur des Menschen, sondern (wenn auch nicht unbedingt individuell) an selbst verschuldeten Problemen bzgl. der Persönlichkeits- und/oder der gesellschaftlichen Kultur-Entwicklung.

Doch ebenso wenig, wie ein Autofahren zwangsläufig zu ständigen Unfällen führen und im Desaster enden muss, ist dies von der menschlichen Anlage zu sagen. Wenn es auch schon vor dem Ende der Eiszeit in Einzelfällen zu Unfällen gekommen ist, so belegt sich doch die humanevolutionär entwickelte Kultur bis dahin insgesamt über etliche Jahrzehntausende mit bestem Erfolg.

Sehr wohl ist die Befähigung zur Selbststeuerung mit einiger Lernanforderung verbunden. Doch die vermeintlich primitiven >eiszeitlichen Steinzeit-Menschen< seit Ende des Archaischen Homo sapiens waren dazu in der Lage: zu einer qualifizierten Selbststeuerung, Kommunikation und einem fähigen Sozialleben. Ihnen verdanken wir den evolutionären Schritt vom >Tier< zum >Menschen< und den Bestand von Kultur.

Diese Entwicklung der Selbststeuerung und des kulturellen Primats war die evolutionäre Lösung des in der höheren Großhirn-Anlage zu unfähig gewordenen Sozialverhaltens und Soziallebens der genetischen Verhaltenssteuerung, mit denen die Hominiden nach der Lösung der geologisch entstandenen Notstandsprobleme gerade mit ihrer Sprache und ihrer großen technischen Intelligenz dem Aussterben verfielen.

Diese Entwicklung von Kultur bedeutete nicht bloß die Vermeidung des Aussterbens. Sie war als fähigem Beziehungs- und Sozialleben gleichzeitig auch die Grundlage zur Erschließung von Lebensqualität – und mit was für einem Erfolg!

5 Die Evolution von Persönlichkeit

„Patienten mit Schädigungen oder Störungen im Bereich des orbitofrontalen Kortex haben Mühe mit der Unterscheidung von Gut und Böse, mit der Verfolgung von Zielen, mit der Unterdrückung unmittelbarer Bedürfnisse [Impulse!] und mit dem Handeln im Rahmen eines bestimmten Kontextes. Sie verhalten sich damit haltlos, hemmungslos, ziellos, planlos und gegenüber anderen rücksichtslos [...]. "

Manfred Spitzer: Lernen. Gehirnforschung und die Schule des Lebens, S.352

„Ohne Frontalhirn kann man keine zukunftsorientierten Handlungskonzepte und inneren Orientierungen entwickeln, kann man nichts planen, kann man die Folgen von Handlungen nicht abschätzen, kann man sich nicht in andere Menschen hineinversetzen und deren Gefühle teilen, auch kein Verantwortungsgefühl empfinden. Unser Frontalhirn ist diejenige Hirnregion, in der wir uns am deutlichsten von allen Tieren unterscheiden. "

Gerald Hüther: Was wir sind und was wir sein könnten, S. 42

Der entscheidende Effekt der humanevolutionären Entwicklung entstand daraus, dass in Verbindung mit dem Komplex aus Sprache – Kultur in dem Erwerb der Fähigkeit zur Selbst-Steuerung analog zu >Bewusstsein< eine evolutionär völlig neuartige Form von >Persönlichkeit< entstand.

Anders als auf der Tierstufe verknüpft sich dieser humanevolutionäre Sachverhalt von >Persönlichkeit< nicht mit einen möglichst hohen Rang und/oder damit, sich als Indieviduum und seine „Interessen" gegen Andere durchsetzen zu können.

Wohl gibt es infolge des evolutionären Erbes Persönlichkeits-*Anlagen*, die stärker zu Dominanz, zu Durchsetzungs- oder auch Führungsverhalten neigen. Aber sie haben deswegen nicht mehr von dem, worum es beim *Menschen* um >Persönlichkeit< (= Kultur) geht. Tatsächlich erweist sich häufig, dass das so genannte >Selbstbewusstsein< gerade auf einem Mangel an Bewusstheit und Persönlichkeit im eigentlichen Sinn basiert. Auch kann man sich gerade mit „Erfolgen" leicht selbst um wesentliche Erfahrungen an Leben und also an Entwicklungen an Persönlichkeit bringen.

Im Historischen zeigt sich, dass die (auch erst historische) Entwicklung von „Macht" *immer* auf einer kollektiven **Projektion** aufgrund entsprechender *Ohnmachts*-Probleme basiert. Sie mündet beim Menschen daher immer, wenn auch nicht unbedingt innerhalb einer Generation, im Scheitern. Die – auch sprachlichen – Zusammenhänge zeigen, dass >Macht< (= >Magie<) ihren Ursprung in Eros hat („Gemächte", „Magen", *machen = ᵉʳzeugen, in magad – Magd = Mädchen, mac* >Sohn< usw.). Die ***Unfähigkeit*** zu *wirklicher* >Macht< und >Magie< als *Befähigung zu Liebe und Kultur* führt menschlich unabdingbar in sozial ruinöse Macht- (kampf-) Verhältnisse und geistige Verworrenheit.

5.1 Die humanevolutionäre Entwicklung der >Pubertät<

Die spezifisch menschlichen Sachverhalte >Pubertät< und/oder >Jugend< begründen sich nicht etwa durch die Geschlechtsreifung als solche, sondern dadurch, dass die humanevolutionäre Entwicklung zwischen Geschlechtsreife und dem nun erst eigentliches Erwachsensein ein neues Moratorium zwecks Aneignung der genetischen Verhaltenssteuerung einfügte. Denn der eigentliche Zugriff auf die genetische Verhaltensanlage konnte neurologisch erst nach der Geschlechtsreife erfolgen.

Ganz in diesem Sinn ist hier unter >Pubertät< nicht einfach die bei Tieren übliche Geschlechtsreifung als solche zu verstehen, sondern die beim Menschen erst mit der Geschlechtsreife ausgelöste *Verhaltens*-Entwicklung. In diesem Sinn wird der Begriff >Pubertät< hier im Folgenden gebraucht, und in diesem Sinn ist festzustellen:

- Erst mit der Entwicklung der >Pubertät< erreicht die humanevolutionäre Entwicklung in der Transformation vom >Tier< zum >Menschen< die entscheidende Stufe.

- Erst mit der Ausbildung der Pubertät erreicht die kulturelle Evolution über die Entwicklung der Kindheit, von Spiel und Kulturellem hinaus die entscheidende neurologische, existenziale und also evolutionäre Konsequenz der besonderen Großhirn-Entwicklung.

Die Pubertät war die biologische Konsequenz der Evolution von Kultur. Mit der Pubertät begründet sich *genetisch* der entscheidende Prozess der *Überwindung* der genetischen Verhaltenssteuerung, nämlich durch die mit >Pubertät< bezeichnete Anlage einer neuen Stufe der Bewusstseins-Entwicklung.

Denn erst auf der Stufe der Geschlechtsreife kann der Lern-Prozess neurologisch die genetische Anlage der erwachsenen Existenz erreichen. Bei der bisherigen Großhirn-Anlage ist die Kindheit eine Verzögerung der neurologischen Reifung, damit die Verhaltensanlage auf die konkreten Verhältnisse hin geprägt werden kann. Die Entwicklungen der Kindheit erreichten hierbei lediglich die einzelnen Prägungs-Bereiche *innerhalb* der Verhaltens-Anlage, nicht aber diese als solche.

Dieser Sachverhalt ändert sich erst mit der evolutionären Entwicklung der Pubertät/Jugend als Moratorium zwischen Geschlechtsreife und Erwachsenheit. Er entstand als Effekt aus der weiteren kulturellen Evolution der Kindheit im human-evolutionären Prozess. Mit der Pubertät erreicht diese Entwicklung die endgültige neurologische Verhaltensstruktur, in der sie als Erwachsener seiner eigenen Steuerung unterstellt werden konnte. Erst damit wird der Durchbruch aus der evolutionären Sackgasse der höheren Großhirn-Anlage in der genetischen Verhaltenssteuerung erzielt.

Dieser Schritt war alles andere als einfach und auch als unproblematisch, und er ist nicht ohne Grund in der historischen Entwicklung weitgehend unterbunden und der persönlichen Disposition entzogen worden (was de facto den Rückgang hinter die Humanevolution bedeutete, ohne dass dies biologisch möglich wäre). Denn er bedeutete quasi den Schritt vom Gehen zum Auto- oder eher zum Flugzeug-Steuern. Dieser Schritt war evolutionär und in der individuellen Sozialisations-Entwicklung *ausschließlich* durch ein gutes Maß an Schulungen und Trainings zu erwerben und zu sichern. Daraus folgte die evolutionäre Entstehung der Pubertät + Jugend als Moratorium zwischen Geschlechtsreife und Erwachsenheit.

Offenbar brauchte es einer solchen ganzen Lern-Phase, um die Anforderungen der genetischen Verhaltenssteuerung – vor allem in Bezug auf das Sozialleben – auf der Basis der selbst zu verantwortenden Selbststeuerung übernehmen zu lernen. Auch die Zulassung zum Autofahren ergibt sich nicht über das Alter an sich, sondern durch Üben im Fahrschul-Unterricht. Wenn ansonsten Unfälle entstehen, braucht man sich nicht zu wundern. Doch bedeutet dies nicht, dass der Mensch zum Auto-Steuern nun mal nicht gemacht oder er gar insgesamt zu „schlecht" wäre, sondern dass die entscheidenden Lern-Entwicklungen vernachlässigt sind. Das aber hat nichts mit Evolution zu tun und kann weder der >Natur des Menschen< noch der humanevolutionär entwickelten Kultur zugerechnet und unterstellt werden.

Angesichts der Schwierigkeiten und Gefahren kann der humanevolutionäre Schritt zur Selbststeuerung nicht als Nebenbei und vor allem nicht als eine Ausweitung des Technologischen und der materiellen Kultur begriffen werden, wofür es archäologisch auch gar keine Anhalte gibt. Eine evolutionäre Ausweitung des Technologischen und der materiellen Kultur hätte auf der Ebene der Persönlichkeit eine Ausweitung der von Erikson als >Werksinn< (s.u.) bezeichneten Stufe mit ihrer Einmündung auf die Erwachsenheit ergeben, wie diese Entwicklung de facto in unserer >Kultur< und in der gängigen Beschreibung der humanevolutionären Entwicklung gesehen wird. Dies aber war die Stufe der Hominiden. Die humanevolutionäre Entwicklung verknüpft sich demgegenüber *eindeutig* mit *der erst **nachfolgenden** Sozialisations-Stufe mit *Pubertät – Identität* und *Kultur*.

Auch die evolutionäre Entwicklung der Hominiden mit ihrem >Werksinn< und ihren technologischen Fähigkeiten bedeutete sehr wohl einen Fortschritt von evolutionärem Ausmaß und also eine bedeutsame und mitnichten selbstverständliche Leistung. Doch bleibt bei diesen evolutionären Prozessen festzustellen, dass diese Leistung gegenüber der erst humanevolutionären Entwicklung der Selbststeuerung noch verhältnismäßig einfach lag. Die Entwicklung des Technologischen geht als solche noch nicht über die Tier-Stufe hinaus, und es brauchte für sie auch noch nicht die besondere und ausdrückliche Entwicklung von Pubertät zwecks Identität, Persönlichkeit und Kultur. Vieles solcher Arbeiten kann heute sogar Maschinen überlassen werden.

M.E. lassen sich die humanevolutionären Prozesse ausschließlich in der Form deuten, dass eine effektiv evolutionäre Problematik hinter dem so schwierigen und gefährlichen Schritt der Übernahme der genetischen Verhaltenssteuerung zur selbst zu verantwortenden Selbststeuerung stand. Doch erst damit wurde die soziale Problematik der genetischen Verhaltenssteuerung bei der höheren Großhirn-Anlage gelöst.

Im Unterschied zu der Evolution der Hominiden stand hinter der humanevolutionären Entwicklung nicht die Notstands-Problematik eines geologischen Umbruchs. Die hier nun aufkommenden evolutionären Probleme verknüpften sich nicht mit den Natur-Verhältnissen (Versorgung, Schutz vor Fressfeinden), sondern mit der evolutionär entstandenen Sackgasse in der Großhirn-Entwicklung: nämlich den zu unfähigen Sozialverhältnissen aufgrund der genetischen Verhaltensstereotypen. Die Entwicklungen der Kindheit und dann auch einer mythologischen Utopie hatten schon einen Weg der Möglichkeit eines wünschenswerten Sociallebens in den Raum gestellt, und mit den Theater-Rollenspielen hatte man auch eine Methode entwickelt, Verhaltensformen auszuprobieren, zu trainieren und zu schulen. In Form der >Jugend-Initiation< erreichte man nun den entscheidenden Effekt in Bezug auf die Persönlichkeits- und Kultur-Entwicklung.

Aus diesen Entwicklungen entstand evolutionär die Phase von Pubertät und Jugend als Moratorium zwischen Geschlechtsreife und dem nun erst eigentlichen Erwachsen-Sein. Diese Phase von Pubertät und Jugend war erst der entscheidende evolutionäre Schritt des Erreichens von Selbststeuerung in Persönlichkeit und Sozialleben: das, was biologisch Kultur meint.

Dieses Moratorium ist evolutionär für die Entwicklung der Persönlichkeit und der Schulung der Verhaltensfähigkeit für ein qualifiziertes Sozialleben angelegt. Auf den früheren Stufen der Sozialisationsentwicklung kann dies lediglich vorbereitet werden, und dies muss es auch. Die durch die Entwicklung von Pubertät und Jugend nun eigentliche humanevolutionäre kulturale Anlage hatte natürlich Konsequenzen für die gesamte neurologische Entwicklung von Geburt an. Doch die eigentliche

116

Selbststeuerung kann erst mit dem Erreichen der Geschlechtsreife erschlossen werden. Erst hier werden die genetischen Programme des erwachsenen Verhaltens wirksam - die es sich nun zwecks Selbststeuerung und einer fähigen Mitbestimmung und Gestaltung des Sozialleben anzueignen gilt.

Diese Entwicklung verknüpft sich neurologisch mit Prozessen im **Frontallappen**-Bereich, dessen Ausmaß eine spezifische Entwicklung seit dem archaischen *Homo sapiens* darstellt, wie es sich äußerlich an der Aufrichtung der Stirn belegt.

„Der frontale Kortex ist dasjenige kortikale Areal, dessen Verbindungsfasern zu anderen Arealen im Laufe des Lebens als letzte mit Myelin ummantelt werden. Diese Myelinisierung der Fasern zum und vom frontalen Kortex ist erst zur Zeit der Pubertät oder teilweise sogar noch später abgeschlossen (Nelson & Luciana 2001). Damit geht dieser Teil des Gehirns als letzter [...] *on-line* [...].“
Manfred Spitzer: Lernen, S. 352

„Dies hat den Vorteil, dass Erfahrungen mit den Folgen bestimmter Handlungen eine aktuelle Handlung steuern bzw. beeinflussen können. Je besser im frontalen Kortex Kontexte und frühere Bewertungen repräsentiert sind, desto eher ist es möglich, dass Handlungen nicht durch Lust und Unlust oder durch äußere Belohnung und Bestrafung [*wie auf der Tier- oder Kinder-Stufe*], sondern durch Erfahrung geleitet werden.“ (ebd.)

„Daher ist das Frontalhirn wesentlich für funktionierendes *Sozialverhalten* und das Sich-in-andere-Hineinversetzen, die Empathie.“ ebd. S. 331

„Einen freien Willen kann auch niemand entwickeln, dessen präfrontaler Cortex nicht mehr richtig funktioniert oder noch nie funktioniert hat.“ [90]

---

[90] Gerald Hüther: Was wir sind und was wir sein könnten, S. 139

Doch ist dieser Bereich auch für eine hinreichende Wahrnehmung seiner Gefühle von Bedeutung:

„[... Der Neurowissenschaftler] Damasio führte diese Gefühlsblindheit darauf zurück, dass mit dem Hirntumor ein Teil von Elliots Präfrontallappen entfernt worden war."[91]

Diese durch den Erwerb von Erfahrung eigene und selbständige Verhaltensbestimmung ist die Identitäts- oder Ich-Entwicklung in Übernahme von Es und Über-Ich (Freud), d.h. der genetischen Verhaltenssteuerung und in Überwindung seiner durch die Erwachsenen (oder seit dem Ende der Eiszeit gar von Gesetzen und Vorstellungen der Vergangenheit) bestimmten Sozialisation.

Da es hier anders als auf der Hominiden-Stufe im Eigentlichen nicht um das Erlernen von Techniken, sondern um den Erwerb der Fähigkeit zur Selbststeuerung ging, bedeutet die Anlage der Pubertät zuerst *notwendigerweise* ein Krisen-Phänomen. Sie verknüpft sich mit der Erkenntnis, dass das Verhalten nunmehr nicht mehr den (ursprünglich) geschützten Rahmen der Kindheit hat und auch kein Automatismus mehr ist (wie bei der genetischen Steuerung), sondern dass man nun selbst am Steuer des Flugzeuges sitzt und der Flug von der eigenen Steuerung abhängt. Dabei gerät man hier auch vor die >Qual der Wahl<, in so manche Ambivalenzen, Konflikte und Dilemmata, nicht zuletzt bei der Frage der Partnerwahl und den möglichen Folgen von Sex.
Die pubertäre Krise schafft, computertechnisch formuliert, eine Art *Neustart* nach den ganzen Lern-Installationen der Kindheit, um sie zwecks Befähigung zur Selbststeuerung durch Verstehen und Bewusstheit auf die Ebene von Erwachsenheit zu bringen. Für diesen überaus anspruchsvollen Prozess stellte die Evolution das volle Moratorium zwischen Geschlechtsreife und Erwachsenheit zur Verfügung. Einfacher war offenbar die Übernahme der genetischen Verhaltenssteuerung zwecks Schaffung produktiver Sozialverhältnisse nicht zu erreichen.

---

[91] Daniel Goleman: Emotionale Intelligenz, S. 75

Die Sachverhalte Pubertät und Jugend sind der biologische Beleg für den fundamentalen Unterschied zwischen >Tier< und >Mensch<. Die menschliche Erwachsenheit ergibt sich nicht mehr wie bei den Tieren durch die Geschlechtsreife und Paarung, den Erwerb praktischer Fähigkeiten und von Fakten-Wissen. Die Entwicklung der Pubertät zeigt, mit was für einer Schwelle der Schritt zum Erwerb der Selbststeuerung verbunden war und *ist*.

Nachzeichnungen:

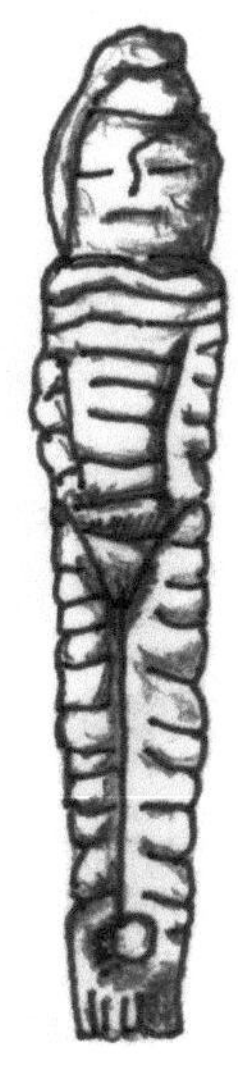

„Zeichnung, die die beiden Seiten einer weiblichen Figur aus Elfenbein zeigt (Mal'ta, Sibirien), mit einem Durchbruch für einen Anhänger und 27 Kerben, vor etwa 30.000 Jahren entstanden. Die ersten 5 Stufen sind auf dem Kopf, im Genitalbereich finden sich die Kerben 14 bis 17. Man nimmt an, dass die Statuette, als Anhänger eines Mädchens, an den Monatszyklus erinnern sollte."
E. Anati: Höhlenmalerei, S. 33

„Kandansana bei Neno. Malereien aus der >schematischen< Zeit, vor der Ankunft der Bantuvölker. Man beachte das Motiv der Treppe, die hinaus- und hinabführt. Normalerweise haben solche Treppen 28 oder 29 Stufen und werden als Kalender für den Monatszyklus betrachtet. Daneben befinden sich neun große Kerben, die die Monate der Schwangerschaft bedeuten könnten."
E. Anati: Höhlenmalerei, S. 220

(unten reduzierte Nachzeichnung)

119

5.2 Die Phänomene >Identität< und >Personalität<

„Aber erst nachdem ein einigermaßen sicheres Gefühl der Identität erreicht ist, ist eine wirkliche Intimität mit dem anderen Geschlecht (wie übrigens auch mit jedem anderen Menschen und sogar mit sich selber) möglich."
Erik Erikson S. 114

Der Inhalt des menschlich neuen Moratoriums besteht auf der ersten Stufe (Pubertät) in der Entwicklung von >Identität< und auf der zweiten Stufe (Jugend) in der von >Personalität<. Die Entwicklung von >Identität< und >Personalität< ist die Grundlage für die Befähigung zur Selbststeuerung als der Grundlage von Persönlichkeit und Kultur.

Es ist hier nicht der Ort, die ganzen diesbezüglichen Einsichten aus der Psychologie näher aufzunehmen. Doch ist zu sagen, dass, soweit die von der Psychologie entdeckten Sachverhalte *tatsächlich* anthropologischer Art sind, sie auch für das Verständnis der humanevolutionären Entwicklung heranzuziehen sind.

Für einen ersten Anhalt können hier die entsprechend entwickelten Forschungen von **Erik H. Erikson** in Bezug auf den Sachverhalt >Identität< aufgenommen werden. Völlig zu Recht sieht er die Identitäts-Entwicklung als zentralen Sachverhalt der menschlichen Persönlichkeits-Entwicklung und hierbei die **entscheidende** Grundlage der Identitäts-Ausbildung im Zusammenhang mit der Pubertät.

Er beschreibt diesen Prozess der Identitätsentwicklung in der Sozialisation u.a. in folgenden Stufen (das Erstgenannte nennt,

120

was im positiven Fall entsteht, das Zweite das, was entsteht, wenn die Entwicklung nicht erreicht wird):

I   - Unipolarität gg. vorzeitige Selbstdifferenzierung
II   - Bipolarität gg. Autismus [*Ego, Narzissmus*]
III   - Spiel-Identifikation gg. (ödipale) Phantasie-Identitäten
IV   - Arbeitsidentifikation gg. Identitätssperre
V   **- Identität gg. Identitätsdiffusion** [*Eingeborenen-,*
                         Untertanen- und Mitläufertum]
VI   - *Personalität* [#] und Solidarität gg. soziale Isolierung
VII   - Generativität gg. Selbstabsorption
VIII   - Integrität gg. Verzweiflung

Aspekte (der Phasen) [92]
____

1 - Zeitperspektive gg. Zeitdiffusion
2 - Selbstgewissheit gg. peinliche Identitätsbewusstheit
3 - Experimentieren mit Rollen gg. negative Identitätswahl
4 - Zutrauen zur eigenen *Aktivität* gg. *deren* Lähmung
5 - Identität gg. Identitätsdiffusion
6 - Sexuelle Identität gg. [...] *Unfähigkeit zu echten, d.h.*
                    ***personalen** Beziehungen* [#]
7 - Führungspolarisierung gg. Autoritätsdiffusion
8 - Ideologische Polarisierung gg. Diffusion der Ideale

[[#] *kursive Formulierungen von mir = CR*]

Der genauere Inhalt dieser Punkte wird in dem zitierten Buch ausgeführt.

____

[#] Erikson spricht von >Intimität<. Es geht aber nicht um das Sexuelle, das als solches auch keine Intimität ist, sondern um die Fähigkeit, das Personale zu verstehen und Anderen anbieten zu können
[92] Erik H. Erikson: Identität und Lebenszyklus, S. 214 f., S. 60

Auf Entsprechendes verweisen u.a. auch Freud, C.G. Jung mit der >Individuation< oder Carl R. Rogers:

> „Das Ziel, das der Einzelne am ehesten erreichen möchte, der Endzweck, den er wissentlich und unwissentlich verfolgt, scheint zu sein, sich zu finden, er selbst zu werden." [93]

> Die Literatur von Carl Rogers ist sehr zu empfehlen.

Der eigentliche Sachverhalt >Identität< besteht jedoch gerade **nicht**, wie seit dem Ende der Eiszeit gemeinhin gedacht, in **Rollen,** sozialen Gegebenheiten wie etwa Beruf, Besitz, Leistung oder Zugehörigkeiten wie Nationalität, einem Stand, einer Religion oder einem Fußballverein usw. Wo es sich hierbei um mehr als um faktische soziale Funktionen handelt, sind sie ein Ersatz der *mangelden* Identität. Die >Rollen< sind eine Sache der Spiele der *Kindheit* oder aber soziale *Funktionen*, aber keine Identität.

Auch >Frau< und >Mann< sind keine Sachverhalte von Identität, sondern Sachverhalte, die *in Hinsicht auf die Entwicklung* von Identität und Kultur zu **verarbeiten** sind. Die Rollen als Identitäten zu bezeichnen, stellt also im geistigen Kurzschluss den eigentlichen Sachverhalt der Entwicklung von Identität mit entsprechend bösen Folgen auf den Kopf.

Wo diese Auseinandersetzung und Verarbeitung nicht erfolgt, entsteht auch keine Identität = Fähigkeit zur eigentlichen Selbststeuerung. Die Persönlichkeit und auch eine ganze Gesellschaft bleiben dann Objekt der kindlichen Sozialisation, der Vergangenheit und von Verhaltens-*Mechanismen*. Es handelt sich dabei tatsächlich um eine entscheidende Problematik der historischen Entwicklung als Folge der gigantischen Naturkatastrophen am Ende der >Eiszeit< (→ 7.2). Damals entstand das kulturgeschichtliche Problem der >selbst verschuldeten Unmündigkeit< wie von >kultureller Verwahrlosung<. Die

---

[93] Carl R. Rogers: Entwicklung der Persönlichkeit, S.115

Entwicklungen von „Macht", Herrschaft, Ökonomismus, Gewalt, Sklaverei, Faschismus und sonstige Barbarei haben darin ihren Ursprung. Dies lässt sich heute in einem guten Maß in der historischen Entwicklung studieren. Mit der humanevolutionären Anlage des Menschen und unserer eigentlichen Natur hat dies rein gar nichts zu tun.

Der Sachverhalt >Identität< verknüpft sich genau damit, dass der Mensch gerade nicht mehr wie die Tiere einfach >eins< ist. Tiere haben aufgrund der genetischen Verhaltenssteuerung nicht das, worum es bei >Identität< geht. Sie bilden keine Ich– oder Subjekt-Struktur aus, die sich *bewusst* und gestaltend *selbst* = ihr *Selbst* steuert. Im Grundlegenden zu meinen, mit „sich eins zu sein", ist (jenseits besonderer Momente) zumeist eher ein Anhalt für den Mangel an Identität (= für ein heteronomes Bewusstsein) als einer schon effektiven Identität. Der Besitz von Identität besteht gerade darin zu wissen, diese Einheit durch ständige Steuerung *herstellen* zu müssen. Freilich kann man wie beim Autofahren in diesem Steuern bei ruhigen Strecken eine gute Routine erreichen, dass dies nicht wie am Anfang der Identitäts-Entwicklung in der Pubertät mit ständigem Chaos und Kampf assoziiert werden muss. Allerdings gibt es nicht nur ruhige Strecken.

Die Krise der Pubertät rührte evolutionär in der neurologischen Entwicklung daraus, nun selbst für seine Steuerung verantwortlich zu sein: sie rührte aus dem entsprechenden Verlust seiner Einheit und aus der Erkenntnis der Endlichkeit und Bedingtheit seiner Existenz. Diese Krise muss sich individuell nicht unbedingt in drastischen Formen äußern. Dies ist nicht zuletzt auch davon abhängig, wie gut man mit dem, was man ist (incl. dem Sachverhalt Sexualität) als Mensch und Individuum anerkannt ist und wie sehr eine Kultur seiner Individuation behilflich ist oder einem eine entfremdete Tradition aufzuzwingen versucht.

Doch besteht hier ein bestimmtes Krisen-Problem von Natur aus, nicht nur aufgrund des hormonellen Umbaus. Es beschreibt eine sehr entscheidende Krise in der humanevolutionären Entwicklung. Doch gerade diese war es, die mit entsprechenden Auseinandersetzungen erst Persönlichkeit, Identität, Bewusstsein und Bewusstheit erbrachte. Erst die Gewahrung des Nicht-Selbstverständlichen und des Nicht-Eins-Seins (z.B. von Ich, Selbst, Es, Über-Ich mit den verschiedenen Repräsentanzen) erbringt den Impuls, diese Verbindungen zu erforschen, um sie zu begreifen und dann auch immer wieder herstellen und steuern zu lernen.

Mit der Entwicklung von Identität konnte die humanevolutionäre Entwicklung das *Kulturelle* der Kindheit auf die Ebene des Existenzialen bringen. Bis dahin war bei aller kulturellen Aktivität in der Kindheit die genetische Verhaltensanlage der Tier-Stufe noch nicht transzendiert: nur eine entfaltetere Kindheit und nur Freizeitgestaltung. Allein damit war evolutionär die Tier-Stufe noch nicht wirklich überwunden, und soweit wäre es nur eine entwickeltere Form der Kindheit auf der Hominiden-Stufe geblieben, die das Überlebens-Problem nicht gelöst hätte.

Die Entwicklungen der Kindheit stellten wohl die *Voraussetzung* für diesen erst eigentlichen humanevolutionären Schritt. Ohne diese Entwicklung wäre dieser Schritt kaum denkbar - den Einsichten nach: *gar nicht möglich* - gewesen. Doch die eigentliche Schwierigkeit bestand darin, diese Entwicklung auch zur vollen existenzialen Konsequenz zu bringen. Die damit verbundene Schwierigkeit und Anforderung sind nicht gering. Es ist wie ein Flugzeug steuern zu lernen. Damit kann eine neue Dimension erreicht werden – aber hier wird es effektiv gefährlich. Mit der menschlichen Anlage der Selbststeuerung sind Anforderungen und sozial Probleme verbunden, wie sie in der Tier-Welt nicht bestehen und weder im Guten noch aber auch im Schlechten entstehen können. Aber sie war evolutionär und seitdem in der menschlich Sozial-Verfassung die einzige Alternative zum sozialen Ruin und zum Aussterben.

Der Mensch *kann* und *muss* lernen, was es heißt, >Mensch< zu sein und wie der Zugang zu dem eigenen >Selbst< in den verschiedenen Aspekten seines Mensch-Seins funktioniert. Erst darin bearbeitet und überwindet man das *Objekt*-Sein seiner Biologie bzw. Mechanismen („Es") und Sozialisation („Über-Ich"). Erst damit wird man tatsächliches Subjekt, und erst damit entwickelt man >Identität< als dem Schlüssel zur Selbst-Steuerung als dem tatsächlichen Zugang zu Freiheit, Kreativität, Beziehungs-Fähigkeit und Sozialität. Ohne dieses Lernen und ohne dieses Verstehen ist dies nur eine scheinbare Möglichkeit: Fantasma und/oder Ideologie. Wo dies die gesellschaftliche Anlage bestimmt, wird es gefährlich. Es ist wie Autofahren ohne Fahrschulunterricht und im Rausch.

In Hinsicht auf >Identität< gibt es nur **zwei** *tatsächliche* Kategorien. Die **erste** und grundlegende Kategorie verknüpft sich mit dem Sachverhalt >**Mensch**< als einer spezifischen biologischen **Art** unter den Arten mit ihren jeweiligen spezifischen Gegebenheiten (>Anthropologie<). Erst wo man sich als >Mensch< mit all seinen entscheidenden Gegebenheiten begreift (insbesondere die Bereiche des Geschlechtlichen, von Sprache und der allgemeinen menschlichen Bedürfnisse), kommt man über seine Sozialisation und seine >Vorstellungen< hinaus und erhält einen vollen Zugang zur existenzialen Realität, auch in Hinsicht auf sich selbst = sein Selbst. Es ist die Prämisse, auf der existenzialen Ebene eine wirkliche Verbindung und Empathie zu Anderen entwickeln zu können. Denn es ist dieses Mensch-Sein, was uns Menschen gemeinsam ist. Ohne dieses Verstehen sind wirkliche Beziehungen und Gemeinschaft keine echte Möglichkeit.

Die **zweite** Kategorie verknüpft sich mit dem Sachverhalt seiner spezifisch **individuellen** Gegebenheit *als Mensch*. Auf dieser Ebene erreicht die Identitäts-Entwicklung Individualität und **Personalität** als dem erst Eigentlichen in der Entwicklung von Persönlichkeit und Kultur. Erst hier wird das kindliche Verhalten, was >man< tut und denkt, überwunden zugunsten des Subjekt-Seins, das sich (nicht nur funktionell, sondern auch) als *Person* in die Beziehungs- und Sozialverhältnisse einbringen kann.

Wo der Begriff >Mensch< nicht die konkreten Individuen und Individualitäten erreicht und anzuerkennen vermag, verfällt er der Abstraktion und damit sein eigentlicher Inhalt. Der Begriff >Mensch< enthält aufgrund des evolutionären Prozesses *notwendigerweise* den unbedingten Respekt vor der Identität und Individualität: der Selbst-Steuerung der *Subjekte.* Kultur ist aufgrund des evolutionären Prozesses ausschließlich auf der Basis auf der gemeinschaftlichen Kommunikation und Interaktion erwachsener Subjekte möglich. Darin unterscheidet sich der >Mensch< von dem Sozialverhalten der Tierstufe.

Wer man als >Mensch< im Eigentlichen ist, *kann* jeder nur für sich selbst klären. Doch *muss* dies jeder in seiner Entwicklung in, mit und für sich selbst klären und bzgl. seiner Verhaltens-Steuerung *bestimmen* lernen (genau wie ein Autofahren). Wo das Individuelle nicht die Dimension >Mensch< erreicht, verbleibt es Objekt der Sozialisation. Dann verkommt dies zu Eingeborenentum, Individualismus, zur Atomisierung und zum Zerfall des Sozialen und all dem, was am >Ende der Eiszeit< exakt aus diesem Grund sozial die großen Probleme aufwarf.

In der Personalität erreicht die Identitäts-Entwicklung die notwendige Grundlage der Fähigkeit zur Selbststeuerung und der sozialen Mitbestimmung. Die zu Personalität entfaltete Identität ist die Entsprechung zu Kultur auf der Ebene der Persönlichkeit. Persönlichkeit und Kultur sind da erreicht, wo der Mensch das tatsächliche Subjekt seiner Funktionen und Aktivitäten (Arbeit, Ökonomie usw.) ist.

> „Wenn die Rolle die Persönlichkeit beherrscht, wenn das Ganze in der Rolle untergeht (wenn die Rolle sich verselbständigt), wenn man [...] den Menschen nicht mehr hinter Maske und Kostüm sehen oder fassen kann, ist die Diagnose >schizoide Persönlichkeit< gerechtfertigt." [94]

---

[94] Alexander Lowen: Der Verrat am Körper, S. 36

Im gesellschaftlich-kulturellen Bestand lässt sich diese Problematik ausschließlich über die Folgen des Notstands am >Ende der Eiszeit< erklären.

Einfach und selbstverständlich war und ist das Erreichen von Persönlichkeit und Kultur jedoch nie, gerade auch in dem humanevolutionären Prozess nicht. Doch erreichte die humanevolutionäre Entwicklung mit der Ausbildung von Identität und Personalität ihr Ziel in der Bewältigung der evolutionären Problematik: in der Aneignung der genetischen Verhaltenssteuerung. Mit dieser Persönlichkeits-Entwicklung kann nun das Sozialleben auf der Basis von Reflexion und Kommunikation gesteuert werden. Es war auf dieser Großhirn-Stufe die **einzige neurologische** Alternative zu >Affentheater< mit „Macht" und Gewalt bis hin zum sozialen Selbstruin.

Wirkliche Bewusstheit, Reflexion, Kommunikation und Interaktion setzen Identität und Personalität bei den Erwachsenen voraus. **Diese Entwicklung ist der evolutionär entscheidende Sachverhalt der Humanevolution und ontogenetisch entsprechend auch der der Sozialisation.**

„[...] ein anderes Charakteristikum von wirklicher Gemeinschaft ist eine totale Dezentralisierung von Autorität. Denken wir daran, dass authentische Gemeinschaft antitotalitär ist. Ihre Beschlüsse werden im Konsens erreicht. Manchmal werden Gemeinschaften als führungslose Gruppe bezeichnet. Genauer ist es jedoch zu sagen, dass eine Gemeinschaft eine Gruppe ist, in der alle leiten."

M. Scott Peck, Gemeinschaftsbildung – Der Weg zu authentischer Gemeinschaft, S. 61

5.3 Bewusstsein und Bewusstheit

Der humanevolutionäre Prozess der Aneignung der genetischen Verhaltens-Steuerung war in sich mit Bewusstheit und einem evolutionär völlig neuartigen Phänomen von >Bewusstsein< verbunden.

Hierbei erweisen sich die Zusammenhänge zwischen Sprache, Identität und Verhaltens-Steuerung, die in einer gegenseitigen Wechsel-Entwicklung den entscheidenden evolutionären Durchbruch erreichten und damit unsere Anlage als Mensch schufen. Auf diese Weise entstand evolutionär eine völlig neuartige Dimension sowohl in Hinsicht auf das >Bewusstsein< als auch auf >Bewusstheit<, wie es sich äußerlich in der kulturellen Entwicklung niederschlägt. Diese Entwicklung des >Bewusstseins< als der Installation von Kultur und der Konfiguration seines Gehirns erbrachte aufgrund der sprachlichen Zusammenhänge auch >Bewusstheit<. Umgekehrt war eine Bewusstheit bei den Einsichten in die sozialen Probleme auch eine Voraussetzung in der humanevolutionären Entwicklung von Bewusstsein zu der neurologischen Entsprechung von Selbststeuerung und Kultur.

Es war hier erst die Verbindung von Identität und Verhaltens-Steuerung, die Sprache wirklich zu dem machte, was in Teilen bis in die Wissenschaft hinein fälschlicherweise schon per se mit Sprache verbunden wird. Doch es versteht sich von selbst, dass Sprache erst mit der evolutionären Aneignung der Verhaltenssteuerung *richtig* zu *dem* Instrument der Verhaltens-Steuerung wurde und hierbei auch entsprechend genetisch für diese Funktion angelegt wurde. Dieser Zusammenhang ist neurologisch kein Zufall und hat entsprechend evolutionäre Vorstufen, schon von Anfang der Evolution von Sprache an, also bereits unter den Hominiden. Dennoch sind hier die fundamentalen Unterschiede zu beachten. Nicht die Sprache macht die Verhaltens-Steuerung. Sprache wurde erst in dem humanevolutionären Prozess mit der Aneignung der Verhaltens-Steuerung in der für diesen Zweck entwickelten Form das Mittel für diese Steuerung, die (wie beim Autofahren) als solche gelernt werden muss und dann persönlich aktiv und gezielt zu betreiben ist.

Erst in dieser Verbindung erbrachte Sprache Bewusstheit: nämlich in Bezug auf das evolutionär Entscheidende der menschlichen Existenz, nämlich eine fähige Gestaltung seines Soziallebens. Erst dies ermöglichte die Überwindung des Problems des evolutionär zu unfähig gewordenen Soziallebens und die Erschließung wirklicher Lebens-Qualität.

Die Ziele, die den Erwerb der Verhaltens-Steuerung wirklich von Interesse werden ließen, entstanden überhaupt erst durch eine bestimmte *Weiter*entwicklung an Sprache wie an Reflexionen, wie dieses Steuern auch nur mittels Sprache möglich wurde. Sprache war also in Teilen die Prämisse für diese Entwicklung. Umgekehrt war in anderen Teilen das, was humanevolutionär neurologisch und was praktisch an Sprach-Anlage entstand, das Resultat dieser Entwicklung. Dies ist als eine wechselseitige evolutionäre Entwicklung (von Individuen und Sozialem) unter dem Archaischen Homo sapiens zu sehen, die auch erst ihre Zeit brauchte, bis sie im Ergebnis ausgereift war. Aus diesem praktischen Ergebnis entstand unsere Art Homo sapiens, in der diese überlegene kulturale Anlage allgemein genetische Ausstattung war.

Der Sachverhalt >Bewusstsein< verknüpft sich mit dieser evolutionär beim Menschen entstandenen neurologischen Anlage der eigenen Verhaltens-Steuerung. Das Verhalten wird hier im Eigentlichen nicht mehr genetisch gesteuert, und insofern liegt der neurologische Komplex >Bewusstsein< beim Menschen *grundlegend* anders als bei den Tieren. Immer schon wirkt das menschliche >Bewusstsein< genetisch von vorne herein auf die gesamte Bewusstseins- und Gehirn-Entwicklung von klein auf an, erst recht, wo die kindliche Entwicklung explizit unter den Einfluss von Sprache gerät.

Dieser Sachverhalt ist in seinem substanziellen Unterschied zu der Sozialisations-Prägung bei den Tieren zu erfassen. Genetisch-neurologisch ist das Kind immer schon >Subjekt< seines >Bewusstseins<, doch praktisch nur so weit, wie dem sozial und kulturell in seiner Entwicklung entsprochen wird. Das Kind ist auf diese Unterstützung ebenso angewiesen wie in Hinsicht auf Ernährung und fähige Beziehungsverhältnisse. Eine effektive Selbständigkeit kann die Subjekt-Entwicklung neurologisch erst ab der Pubertät mit der Entwicklung von Identität erreichen. Wird den Anforderungen dieser Subjekt-Entwicklung in der Sozialisation nicht entsprochen und der Prozess der Identitäts-Entwicklung nicht hinreichend >installiert<, dann ist nämlich die kulturale Anlage des Menschen leicht eine höchst gefährliche Falle.

Denn infolge der genetisch-neurologischen Anlage *fühlt* man sich wohl irgendwie immer als Subjekt. Dies bedeutet aber anders als auf der Tier-Stufe nicht per se schon irgendwie, dass die damit verbundenen genetisch-neurologischen Anforderungen an die Lern- und Sozialisations-Entwicklung in Bezug auf die Verhaltens-Steuerung auch erfüllt wären. Auf der Ebene des Individuums kann dies sozusagen bedeuten, sein Leben auch bei allen Aktivitäten im Eigentlichen in einer Art Hypnose zu verbringen. Gesellschaftlich führt dies jedoch zu einer der Diskrepanz entsprechenden Verwahrlosung und sozialen Problematik, wie es am >Ende der Eiszeit< aufkam und etwa im 3. Reich in konzentrierter Form zum Ausdruck kam.

„Wessen Bewusstheit nicht geweckt ist, der handelt so, wie ihn die beiden [*evolutionär*] älteren Gehirnsysteme [*der Tierstufe*] handeln heißen, nämlich nach ihrer Art, obwohl die Absicht zu handeln vom höheren, dem dritten System ausgegangen war. Und nicht genug damit; die Handlung erweist sich oft als das gerade Gegenteil der ursprünglichen Absicht. [...]
In solchen Fällen also bewirkt die schnellere, automatische Tätigkeit der unteren Gehirnsysteme, dass der Teil der Handlung, der mit stärkerem Gefühl verbunden ist, fast unverzüglich ausgeführt wird, während der Teil, der vom Denken, also von dem höheren System herkommt, langsamer und

130

daher erst dann einwirken wird, wenn die Handlung schon fast zu Ende oder sogar vorüber ist.
[…]
Nicht einmal zum gesellschaftlichen Leben, so hoch es beim Menschen auch entwickelt sein mag, bedarf es des supralimbischen Systems: Bienen, Ameisen, Affen, Herdentiere leben in Gesellschaftsordnungen und haben doch keine Bewusstheit. Einige dieser gesellschaftlichen Systeme sind ziemlich weit ausgebaut und haben mit menschlichen Gesellschaftsordnungen die meisten grundlegenden Funktionen gemeinsam: so die Betreuung des Nachwuchses, die Herrschaft eines Oberhauptes, Kriege mit Nachbarn, Verteidigung des eigenen Reviers oder Gebietes, die Ausbeutung von Sklaven u.a.m. […]
Das obere System, das im Menschen höher als in allen anderen Tieren entwickelt ist, ermöglicht die Bewusstheit." [95]

„Mein Frontalhirn sorgt dafür, dass ich nicht immer gerade das tue, was ich von meinen körperlichen Bedürfnissen her jetzt und hier unmittelbar eigentlich am liebsten tun würde. Ich kann die Zeit zwischen Input und Output überbrücken, etwas einschieben oder aufschieben, *mich also von der Unmittelbarkeit des Augenblicks in meinen Handlungen lösen.*
[…]
Im Frontallappen ist der, wie man heute allgemein gern sagt, *Kontext* meines Handelns repräsentiert. Dieser Kontext ist ganz konkret diejenige hierarchisch geordnete Struktur von Fakten, Zielen, Gefühlen und Randbedingungen, die meine Handlungen leiten. Ein wichtiger Teil dieses Kontextes sind die *Mitmenschen* und meine Einschätzung von *deren* Gedanken, Zielen und Bedürfnissen. […] Daher ist das Frontalhirn wesentlich für funktionierendes *Sozialverhalten* und das Sich-in-andere-Hineinversetzen, die Empathie." [96]

- sprich: die Prämisse für Kultur.

---

[95] Moshé Feldenkrais: Bewusstheit durch Bewegung, S. 75 f.
[96] Manfred Spitzer: Lernen, S. 331

„Die dafür im Gehirn herausgeformten übergeordneten Muster bezeichnen wir im Deutschen als innere Einstellungen und Haltungen. Herausgebildet werden diese Haltungen anhand der von einer Person in ihrem bisherigen Leben gemachten Erfahrungen. Diese im Frontalhirn als komplexe Netzwerke verankerten Einstellungen und Haltungen sind entscheidend dafür, wie sich die betreffende Person in einer bestimmten Situation verhält, was sie sagt und tut, worum sie sich kümmert und was sie links liegen lässt, was ihr also wichtig ist und was ihr gleichgültig bleibt." [97]

Im Grundsätzlichen ist zu diesem neurologischen Komplex beim Menschen zu sagen, dass erst mit der Entwicklung von Identität zu Personalität das Eigentliche an Bewusstsein: Bewusstheit und der eigentliche Sachverhalt der Aneignung seiner Selbst-Steuerung erreicht wird.

Identität ist: den biologischen Sachverhalt >Homo sapiens< und das existenzial Gegebene durch entsprechende Auseinandersetzung und Bewusstmachung auf die kulturelle Ebene zu bringen und dort halten zu können, sprich wenn die Kultur mit der Natur des Menschen und seiner Persönlichkeit >identisch< wird: ihr entspricht. Insofern sind wohl Kultur und die Natur des Menschen zwei verschiedene Dimensionen, doch sind sie nicht als Gegensatz zu denken. Als Gegensatz erhalten *beide* Dimensionen einen pathologischen Zug.

Der Sachverhalt Identität ergibt sich aus der Evolution der Verhaltens-Steuerung: sie **ist** diese Steuerung ganz in der Art, mit seinem Auto die anvisierte Strecke zu verfolgen: sich nicht endgültig zu verfahren und nicht mit Vollruin von der Fahrbahn abzukommen (einige Irrwege und Beulen lassen sich oft nicht vermeiden). Die ursprüngliche Jugend-Initiation war hierbei sozusagen der >Fahrschul-Unterricht< und die entscheidende Übungs-Phase.

---

[97] Gerald Hüther, Würde – Was uns stark macht, S. 96

Wenn man erst einmal sozusagen gelernt hat, sein Auto zu fahren, dann eröffnen sich viele großartige Optionen. Die Menschen der humanevolutionären Entwicklung und dann der humanevolutionär entstandenen Kultur bis zum Ende der Eiszeit haben dies in dem biologisch notwendigen Ausmaß gelernt. Anders lässt sich die humanevolutionäre Entwicklung, unsere kulturale Anlage als Homo sapiens und der dauerhafte Bestand der Sapiens-Verbände über Jahrzehntausende nicht erklären.

Mit >primitiv< kann diese humanevolutionär entwickelte Kultur vor dem Ende der Eiszeit nicht assoziiert werden. Das waren Vorstellungen aus der Zeit vor der Psychologie und der Neurologie.

Unsere kulturale Anlage als Homo sapiens ist von ihren Anforderungen her nicht primitiv – man könnte sagen: leider. Denn ohne den zureichenden Erwerb an kultureller Fahrtüchtigkeit entstehen sozial unweigerlich Probleme.

Dieses Problem entstand bereits in der weiteren Entwicklung der Hominiden-Evolution. Mit der Befähigung zur Selbststeuerung ließ es sich beheben – und dann: mit welchem Erfolg! Mit dem notwendigen Fahrschulunterricht ließen sich mit dem „Auto" völlig neuartige Möglichkeiten erschließen.

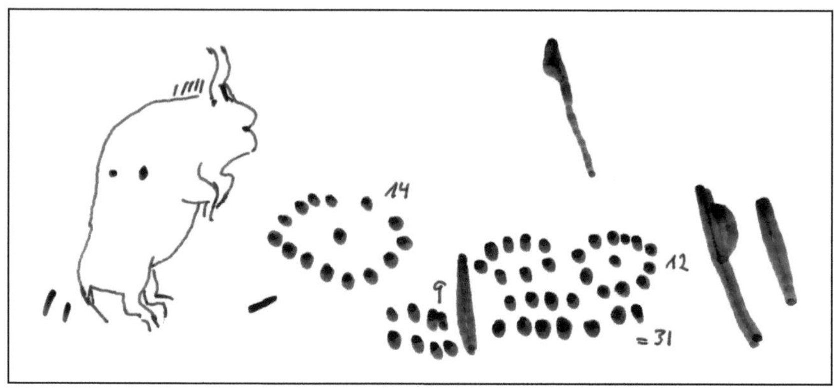

Dieses Szenario aus der Eiszeit-Höhle von Niaux (F) belegt Verschiedenes:
der Bezug von Zeichen zu Zähl-Systemen, wobei die Zahlen-Angaben auf
den Monats-Zyklus (14 = Tage zwischen Vollmond – Neumond; 12 = Jahr)
in Zeit wie auf Menstruation und Schwangerschaft (= >9<, s. auch S. 150 f.)
verweisen. Auch hier findet sich die „STier"-Symbolik (vgl. hier S. 150).
Bei dieser Bison-Darstellung ist der Code-Charakter unzweifelhaft.

Nachzeichnung aus: Emmanuel Anati: Höhlenmalerei, S. 400
Der Zusatz der Zahlen stammt von mir (CR)

134

6 Die Jugend-Initiation

Der **Min^{n}eTauros** oder **Cerberus** (>**Hörnerträger**<)

Nachzeichnung nach:

<u>GEO 2/2001, S. 160: Der Tiermensch von Fumane:</u>
„Forscher entdeckten in einer norditalienischen Höhle
die vermutlich ältesten Felszeichnungen Europas"
Alter zwischen 32.000 und 36.500 Jahre geschätzt

(Dort auch Foto. Nachzeichnung nach der Vorlage schwierig, da Oberfläche
nicht intakt. Das Original scheint mit Ocker gemalt).
Vgl. auch Wikipedia: Grotta di Fumane. Die Zeichnung ist dort aber nicht
enthalten (4.2.21, 7:26 Uhr)

6.1 Die Jugend-Initiation als Ursache des human-evolutionären Durchbruchs in der Begründung von Persönlichkeit und Kultur

Wenn es sich bislang auch archäologisch nicht nachweisen lässt, so spricht doch m.E. alles dafür, dass die humanevolutionäre Entwicklung der Pubertät mit der Entwicklung von Formen der >Jugend-Initiation< in direkter Verbindung stand. Die Anfänge einer Jugend-Initiation sind vermutlich die Grundlage für das humanevolutionäre Aufkommen der Pubertät gewesen, oder Beides entwickelte sich im Zusammenhang.

Wenn sich also die hier anzunehmende Höhe des Alters der >Jugend-Initiation< bislang nicht greifen lässt, so bleibt doch festzustellen, dass die Hinweise auf diese Praxis zu den ältesten archäologischen Befunden von *Homo sapiens* gehören und als *integraler* Bestandteil der ursprünglichen Mythologie (*Weltberg* [*Tauros, Tauern* usw.] - *Höhle* = ^{S}*Tier-Kuh* = *DraChe* usw.) zu sehen sind. Sie findet sich – auch archäologisch - weltweit in den Alten Kulturen, und es gibt von hier her einige bedeutsame Anhalte, die die theoretischen Überlegungen bestätigen und weiter illustrieren.

Allerdings ist zu beachten, dass in der großen Krise unter den gigantischen Naturkatastrophen am >Ende der Eiszeit< (7.2) viele Kulturen nicht die notwendige Zeit für die >Jugend-Initiation< fanden, sodass diese in Teilen verfiel und sich in Teilen verdrehte, mitunter gar bis ins Perverse – mit entsprechenden Folgen für den Kulturbestand. Das erklärt sich, wenn man die evolutionäre Bedeutung der >Jugend-Initiation< für die Ausbildung von Persönlichkeit und Kultur begreift. Von diesem Hintergrund darf der ursprüngliche Hintergrund der >Jugend-Initiation< nicht einfach und unreflektiert mit den ethnisch überlieferten Formen in eins gesetzt werden. Es bieten sich ethnologisch wohl viele Anhalte, die ein näheres Studium lohnen. Doch sollen hier nur die zentralen Punkte in Verbindung mit dem humanevolutionären Prozess im Licht der neuropsychologischen Einsichten skizziert werden.

Es ist von der evolutionären Entwicklung gut *vorstellbar,* dass die Praxis der >Jugend-Initiation< im Vorfeld vor *Homo sapiens* in entsprechenden Übungen einzelner Personen begann, die sich in ihrer pubertären Krise aus dem üblichen Sozialleben in unzugängliche Gebiete wie in eine Höhle oder auf Berge zurückzogen, um dort eine neue >Idee< in Bezug auf sich selbst und seinen Lebens-Weg zu erhalten (>vision quest<). Es wäre entsprechend gut vorstellbar, dass diese Entwicklung in einer Art Schamanismus begann, zeigt die Grundausbildung der Schamanen einige Ähnlichkeiten mit der Jugend-Initiation. Später wäre eine Grundform dessen zu einer tendenziell allgemeinen Praxis geworden, die für eine schamanische Ausbildung und evtl. auch Anderes um eigene Stufen weitergeführt worden wäre.

Von der Sache her wäre demnach diese Entwicklung im *Vorfeld* vor unserer Art *Homo sapiens* zu verorten, hatte diese Entwicklung noch weitere Rückwirkungen, sowohl in dem genetischen Bestand als auch in der Kultur-Anlage:

- Es dürfte erst die Entstehung der Praktiken der Jugend-Initiation gewesen sein, die eine sichere Trennung zwischen Kindheit und Erwachsenheit und damit auch den weiten Freiraum für die Kindheit ermöglichte.

- Erst die Jugend-Initiation erlaubte die Sprach-Technik, die Sprach-Anlage insgesamt auf der Basis von Geschichten in der Struktur der Mythologie aufzubauen und damit die Selbststeuerung umfassend zu erschließen.

- Diese Entwicklung der Identitäts-Entwicklung als dem Fundament des Erwerbs der Selbststeuerung verlangte eine *bedeutsame* **weitere** Sprach-Entwicklung. Mit diesem **hier** erst vollgültigen Erwerb der Selbststeuerung entstand auch erst die substanziell neuartige Anforderung an die Sprach-Anlage wie auch ein völlig neuartiger Anspruch in Bezug auf die Sprach-Beherrschung. Die Schulung für eine wirkliche Sprach-Beherrschung ist entsprechend ein entscheidender Teil der ursprünglichen >Jugend-Initiation< (s.u.).

- Erst mit dieser Entwicklung ist auch die entscheidende Transformation in Bezug auf Eros und damit auch erst in Bezug auf das Sozialleben verbunden. Erst mit der Entwicklung von Identität und Personalität war es biologisch überhaupt möglich, seine Sozialverhältnisse auf die Basis von Kommunikation in Alternative zu Macht, Imponiergehabe und Gewalt zu stellen. Bis dahin war Eros bei weitem nicht das, was wir mit >Liebe< und >Beziehung< assoziieren. Erst mit der Entwicklung von Personalität wurde eine wirkliche Lebens-Qualität in Beziehungen und im Sozialleben erschließbar und entwickelbar. Entsprechend ist die >Jugend-Initiation< auch wesentlich mit dieser Auseinandersetzung verbunden. So ergibt sich für die eigentliche Humanevolution etwa folgendes Modell, wie es auf der nächsten Seite gezeigt wird.

<u>Als die zentralen Bereiche der ursprünglichen >Jugend-Initiation< stellen sich dar:</u>

- der Erwerb der **Sprach-Beherrschung** incl. der für die Steuerung der Sozialverhältnisse notwendigen Begriffe (wie heute u.a. ein Jura- und Psychologie-Studium);

- der Erwerb von **Identität** in Selbständigkeit, Personalität, Verantwortungs-, Konflikt- und Liebesfähigkeit; und

- eine Befähigung im Umgang mit Eros, Sexualität und dem **Geschlechter-Verhältnis**.

138

Überblick: Die Etappen der humanevolutionären Entwicklung

Stufe A	**Übergangsfeld** Hominiden – *Homo archaicus*
Stufe I	*Homo archaicus* (I A) – B: **Übergangsfeld** zum *Archaischen Homo sapiens*
Stufe II	*Archaischer Homo sapiens*

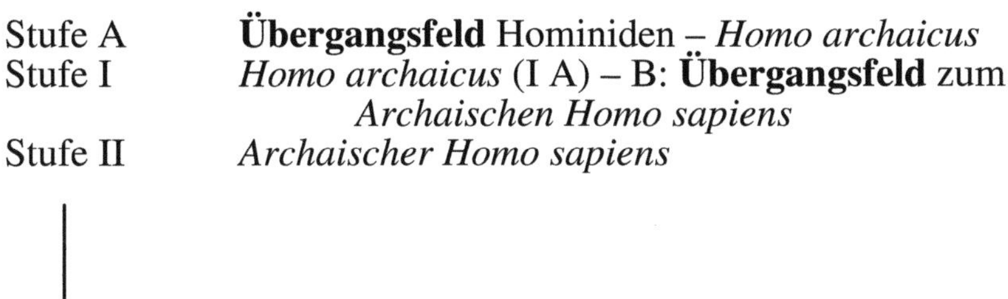

Stufe   Inhalte der humanevolutionären Entwicklungen

A		- Neurologisch unreiferer Nachwuchs bei Geburt evolutionär gesteigerte und qualifiziertere Spiel-Aktivität
I	A	- Die *volle* integrale Einbindung des Sprachlichen in das neurologische System
	B	- Die Entwicklung von Geschichten und Rollen-Spiel-Lernen - Die Entwicklung der Mythologie - ausgeprägte Rollen-Spiel-Kultur in der Kindheit; kulturelle Begriffe
II	A	- Die Entwicklung der Jugend-Initiation
	B	- Die Entwicklung der Pubertät = **Die Entwicklung von Identität, Personalität und Kultur** = Die Fähigkeit zur Selbststeuerung bei *einigen* Persönlichkeiten →

→ Die **allgemeine** genetische Anlage zur Ausbildung der Fähigkeit zur Selbststeuerung

= unsere Art   **Homo sapiens**

Das Schachtbild im Zentrum der Höhle von Lascaux (F)
Die Figur dürfte Trance (und Vision) darstellen, s. auch → S. 156
Nachzeichnung

S. dazu Fotos z.B. in: Mario Ruspoli: Die Höhlenmalerei von
Lascaux, insbesondere S. 149

„Unter zahlreichen traditionellen Völkern unserer Tage, einschließlich der australischen Aborigines und der südafrikanischen Buschleute, besitzen die Höhlenbilder einen direkten Bezug zu diesen Pubertätsriten. Beinahe immer dienen diese Riten auch dazu, Kenntnisse der mythologischen Welt zu vermitteln. Tiere spielen in der Mythologie der meisten traditionellen Völker [...] eine entscheidende Rolle, und häufig dienen sie zugleich als Symbole der Geschlechtlichkeit und der Fruchtbarkeit." [98]

In Australien: „Die früheren Bilder zeigen fast immer eine deutlich sakrale Bedeutung [...]. Sie finden sich häufig an heiligen Orten und dienten im Rahmen von Initiationsriten als sichtbare Hilfsmittel, um den Initiierten die Traditionen des Stammes zu vermitteln. Viele Bilder durften Nicht-Initiierten gar nicht gezeigt werden; manche wurden zwar gezeigt, ihre Bedeutung durfte jedoch nicht erklärt werden. Viele Fundorte der Felskunst sind heute noch den Initiierten vorbehalten: kein anderer darf sie betreten." [99]

In Afrika: „Den Nyau-Gesellschaften kommt bis heute eine enorm wichtige Rolle bei der Sozialisation zu, die mit geheimen Praktiken und Initiationsriten zusammenhängt. Einige der verwendeten Symbole gleichen denen der Felskunst. [...]
Als wir gerade eine weitere Höhle besichtigen wollten, wurden wir von einer Gruppe bewaffneter Männer davon abgehalten, die uns mit Schreien erschreckten und vertreiben wollten. Später erfuhren wir, dass dieser Clan glaubte, der Geist von Namalenga, der Muttergöttin, die auch Göttin der Fruchtbarkeit ist, wohne in dieser Höhle, weshalb man Nicht-Initiierten den Zutritt verwehrte. Viele Höhlen gelten noch heute als heilige Orte, deren Betreten verboten ist. Hier werden Initiationsriten gelehrt, hier treffen sich Geheimgesellschaften des Nyau-

---

[98] Göran Burenhult (Hg.): Illustrierte Geschichte der Menschheit I, S. 116
[99] Emmanuel Anati: Höhlenmalerei, S. 395, s. auch die Abb. S. 80, S. 232

Stammes, oder sie gelten als der Wohnort von Geistern, die niemand ungestraft betreten darf." [100]

„Aus der mündlich überlieferten Erzähltradition ist uns bekannt, dass viele dieser kleinen bemalten Höhlen heilige Orte waren (und es heute noch sind), an denen Initiationsriten, Treffen von Geheimbünden oder Kulte um die Urgeister der Bantuvölker stattfanden." [101]

Es handelt sich hierbei in Teilen bereits um historisch verdrehte Formen der Initiation als Form der Organisation eines Soziallebens mit Status („Staat") und Rängen

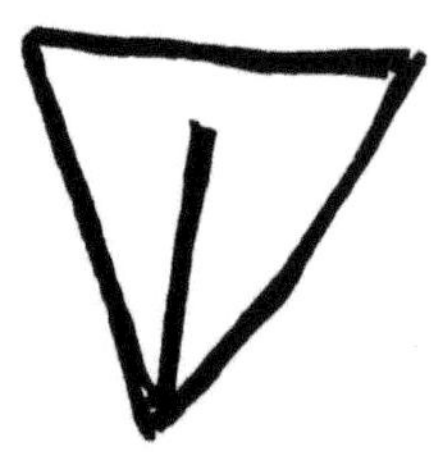

Die erste Form des sumerischen Schriftzeichens für >Frau< (Nachzeichnung) hat ihren Ursprung in der mit Homo sapiens verbreiteten Kultur und belegt sich in weltweiter Verbreitung, häufig in Verbindung mit der gleichbedeutenden Höhlen-Symbolik (als Ort der initiatorischen Neugeburt zum nun eigentlichen = kulturell entwickelten Menschen). Die ursprüngliche Kultur zeigt sich nicht als sexuell verklemmt, doch ist sie auch nicht in der pubertären Form der nacheiszeitlichen Geschlechtsstereotypie und Fruchtbarkeits-Ideologie zu sehen. Die Initiation hat genau den Hintergrund, ein *erwachsenes* Verhältnis zu Sexualität und dem anderen Geschlecht zu entwickeln (→ 6.2.2).

---

[100] Emmanuel Anati: Höhlenmalerei, S. 235
[101] Emmanuel Anati: Höhlenmalerei, S. 200/217, s. die Abb. S. 61 und 63

6.2.1 Die Jugend-Initiation als die erst eigentliche Sprach-Adaption

Sprache war die Grundlage dafür, dass im Verlauf der human-evolutionären Entwicklung die genetische Verhaltenssteuerung überwunden und das Verhalten der Selbststeuerung unterstellt werden konnte. Daraus resultiert der eigentliche Unterschied zwischen >Tier< und >Mensch<.

Die vorausgehende Sprache verknüpfte sich ebenso wie ein Speer und ein Messer soweit lediglich mit der *Erweiterung* der genetischen Verhaltenssteuerung. Doch solange das Verhalten genetisch gesteuert blieb, bedeutete Sprache nicht die Gefahr, sozial das Verhältnis zur Realität verlieren zu können.

Mit der humanevolutionären Entwicklung der Übernahme der Verhaltenssteuerung entstand eine völlig neue Anlage. Es verhält sich hier wie in dem Verhältnis von Laufen und Autofahren. Die Entwicklung fahrtüchtiger Autos eröffnete völlig neue Möglichkeiten in Mobilität und Transport, aber auch völlig neuartige Gefahren. Diesen Gefahren wird damit begegnet, dass die Zulassung zum Autofahren mit einem entsprechend hinreichendem Fahrschulunterricht verbunden ist. Entsprechendes gilt bei der menschlichen Anlage in Bezug auf Sprache. Es ist daher quasi von vorne herein anzunehmen, dass jenseits der Pioniere die Entwicklung der Sprache *für die Selbst-Steuerung* mit einer entsprechenden Schulung verbunden war.

Die Sprach-Adaption beginnt schon auf der Stufe des Säuglings, und mit der Entwicklung einer reichhaltigen Kultur an Sprach-Spielen und Erzählen wurde in der humanevolutionären Entwicklung die Sprach-Fähigkeit in der Kindheit schon bestens gefördert. Doch es versteht sich bei der Funktion der Sprache für die Selbststeuerung von selbst, dass die eigentliche Sprach-Beherrschung erst nach der Kindheit mit der neurologi-

schen Reife = Geschlechtsreife, nämlich erst im Verbund mit
der Identitäts-Entwicklung erworben werden konnte. Hierbei
hat der Erwerb der erst eigentlichen Sprach-Beherrschung **zwei**
Dimensionen.

1.) Die eine Dimension verknüpft sich mit dem Beherrschen
der **kulturellen Begriffe**. Es bedeutet gar nichts, kulturelle
Zentral-Begriffe wie etwa >Gerechtigkeit< lediglich als Vokabeln zu kennen. Wirkliche Sprach-Beherrschung meint nicht
bloß, dass die kulturellen Steuerungsbegriffe auch inhaltlich,
sozial und kulturell klar entwickelt und darin allgemein bekannt sein müssen. Sie meint mehr noch, auch die Aufstellung
seiner Sprach-Anlage und seines Begriffs-Systems insgesamt
zu überblicken und ihre Steuerungs-Funktionen im Verhältnis
zur Realität zu verstehen. Kultur wurde humanevolutionär allein deswegen möglich, weil man dahin kam, eine auf seine
Selbststeuerung und seine Kommunikations-Praxis abgestellte
Sprache zu schaffen. Die Sprache selbst wurde via Mythologie
zur Kulturverfassung und Rechtsordnung, was auch der Hintergrund der Wörter *Mär, Moral, Mythos,* >logos< und *Wort* =
dänisch *ord* >Wort< - lat. *ordo – Ordnung* usw. ist. Nur wo
eine Sprache die notwendigen kulturell geklärten Begriffe be-
reitstellt, ist eine Sozialsteuerung auf der Basis von Kommunikation: also *Kultur* im eigentlichen und tatsächlichen Sinn
möglich.

Die hierzu notwendigen kulturellen Begriffe müssen in der
Sozialisationsentwicklung entsprechend angeeignet werden. In
diesem Sinne bedeutete die Sprach-Schulung der Jugend-Initiation so etwas wie Jura-, Psychologie- und Philosophie-Stu-
dium sowie eine Schulung an Lebens-, Sozial- und Selbsterfahrung. Denn allein auf dieser Grundlage war eine wirkliche
>Demokratie< als Voraussetzung fähiger Sozialverhältnisse,
d.h. die Selbststeuerung seiner Verhältnisse auf der Basis von
gemeinschaftlicher Kommunikation als der einzigen effektiven
Alternative zu >Affentheater< möglich.

2.) Die andere Dimension verknüpft sich mit dem Sachverhalt, dass – anders als ein Ausführen von Vorgegebenem – eine wirkliche Selbststeuerung sprachlich nur auf der Basis von Bildern und Geschichten möglich ist. Allein auf der Basis von Bildern und Geschichten entsteht eine neurologische Verbindung zu der existenzialen Ebene. Das ist die Voraussetzung für eine Selbststeuerung und eine eigentliche Kommunikation. Doch sind die entsprechenden (>mythologischen<) Bilder und Geschichten auf der Erwachsenen-Stufe auch als *Bilder* und *Geschichten*: Sprache als *Sprache* in Unterscheidung zur *Realität* zu begreifen. Sonst geraten Sprache und Denken und dadurch Kultur und seine Sozialverhältnisse aus der Steuerung, und es gibt beim Menschen nicht mehr die Biologie, die das Realitäts-Verhältnis sichert.

Eine zumindest in Ansätzen *konstitutive* Technik, *Sprache* als *Sprache* und neurologischen Vorgang in **unserem** Gehirn begreifen zu lernen, ist die nichtsprachliche Meditation, wie sie insbesondere als >Zen< bekannt ist. Auch wenn auch die nichtsprachliche Meditation allein noch längst keinen Zugang zur vollen Realität des Menschen erreicht, so schafft sie doch eine wichtige Erfahrungsbasis bzgl. der ja nichtsprachlichen Realität in dem neurologischen Gesamtbestand des Menschen. Es spricht einiges dafür, dass Trance und Meditation Bestandteile der ursprünglichen Jugend-Initiation und Sprach-Schulung waren. Darauf verweisen diverse Sachverhalte in den entsprechend gebrauchten paläolithischen Höhlen (das zentrale Bild der Höhle von Lascaux deutet mit der Figur und dem Vogel auf Trance), wie auch entsprechende Traditionslinien wie z.B.:

„Die Höhle: Der Schoss der Buddhas

[...] Die beschriebene Höhle heißt Dorje Drubphuk (>unzerstörbare Meditations-Höhle<). Zwar wurde sie wahrscheinlich zuerst von Bön-Schamanen bewohnt [...]. Dorje Drubphuk könnte jede der zahlreichen Höhlen in den Tälern von Tibet sein. Selbst kleine Täler rühmen sich, eine Guru-Rinpoche-Höhle zu besitzen. Für den Yogi, der dort in Buddhas visionärem Reich lebt, ist eine solche Höhle der Ort, der seine Meditationspraxis unterstützt, ein Ort, der förderlich ist für die Erlangung von spiritueller Verwirklichung und Macht. Für den Laien und Gläubigen, der aus einem profanen Milieu stammt, ist sie ein Fenster in das Reich der Vision." [102]

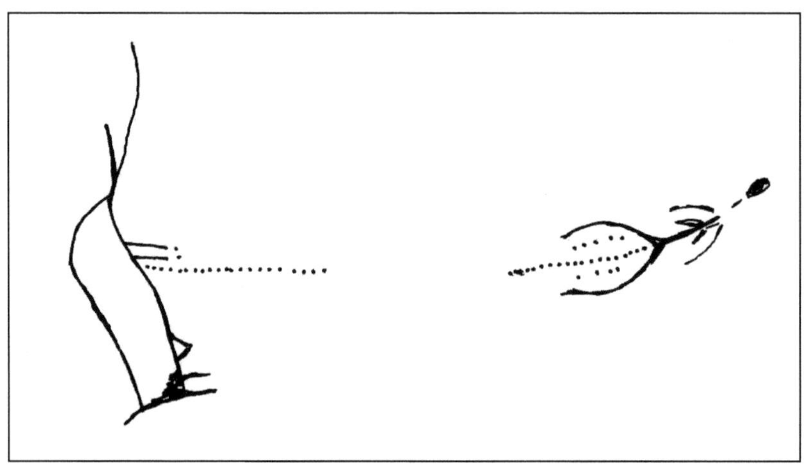

*Nachzeichnung des wohl dem Sinn des Schachtbildes von Lascaux entsprechenden, ebenfalls zentralen, größten und mit gut 13.000 Jahren ähnlich alten Deckengemäldes im **schwer** zugänglichen „Endsaal" der Ignatievka-Höhle im **Ural**. [103] Es belegt den Zusammenhang zwischen >Frau< und der ~ 2,30 m großen StierKuh-Symbolik. „Zwischen den Beinen der Frau sind drei Punktreihen aus insgesamt 28 Punkten eingetragen [...]." Dieser Sachverhalt dürfte so zu deuten sein, dass er den weiblichen **Mond/Monat-Zyklus** formuliert und damit vermitteln will, dass **Geschlechtsverkehr Folgen haben** kann. Man beachte auch die besondere **Neuner-Zahl** zwischen den Beinen. Wenn dieses Werk auch etwas ungeschickt erscheint, so sind hier freilich auch die Umstände dieses Deckengemäldes tief in einer dunklen Höhle zu bedenken.*

---

[102] Keith Dowman: Geheimes, heiliges Tibet, S. 230

[103] Angaben, Zitat und Vorlage: V. E. Ščelinkij & V. N. Širokov: Höhlenmalerei im Ural, S. 112. Dort auch die Abbildung und Fotos

146

6.2.2 Die Jugend-Initiation als Erlernen des erwachsenen Umgangs im Geschlechter-Verhältnis

„Charakteristisch für den frühesten [!] Horizont der PRIMITIVEN JÄGER [!] sind Ideogramme, Abdrücke der Hände und Darstellungen meist großformatiger, monochromer Tiere, die höchstens mit einer roten Umrisslinie versehen sind. Im selben Stilbereich finden sich tief eingeritzte Gravierungen, bei denen stilisierte Vulven vorherrschen. [...] Dieser Stil ist auch im Südwesten der Vereinigten Staaten weit verbreitet."[104]

„Zu den ersten Ausdrucksformen europäischer Kunst gehören die Symbole weiblicher Sexualität. Schon vor 35.000 Jahren ritzen die Cro-Magnon-Menschen Bilder weiblicher Vulven auf Steine und andere Oberflächen. Einige Jahrtausende später, vor etwa 29.000 Jahren, tauchten die ersten beweglichen Kunstwerke in Form der berühmten Venusfigurinen auf, kleinen weiblichen Figuren mit einer typischen stilisierten Gestalt. Sie sollten die künstlerischen Aktivitäten beinahe 10.000 Jahre beherrschen.

Bei den meisten dieser Figuren sind die Brüste und das Gesäß übertrieben dargestellt, wogegen der Kopf und die Beine in eine weniger deutliche Form auslaufen. [...] Ähnlich gestaltete Venusfigurinen wurden in großer Zahl von Südrussland im Osten bis zur Atlantikküste im Westen, also über eine Entfernung von mehr als 2000 Kilometer, nachgewiesen. Zu den wichtigsten Fundstellen gehören Dolní Vestonice (in der ehemaligen Tschechoslowakei), Kostenki (Russland), Willendorf (Österreich) sowie Brassempouy und Lespugue (Frankreich).

---

[104] Emmanuel Anati: Höhlenmalerei, S. 346 f. S. dort weitere entsprechende Vulva-Abbildungen u.a. S. 71 (China), S. 335 (Argentinien)

Es gibt zwei Ansätze, mit denen man erklären kann, warum die Cro-Magnon-Menschen die weiblichen Genitalien in ihrem künstlerischen und rituellen Leben so stark betonten und wie die eindeutigen Merkmale dieser Venusfigurinen zustande kamen. [...]"[105]

Halten wir uns nicht mit merkwürdigen Überlegungen auf. Die Initiation begründet sich nicht darin, dass man Sexualität noch nicht verstanden hätte. Diese Problematik und der Fruchtbarkeits-Kult entstanden erst mit dem Frühen Mesolithikum in Verbindung mit der Begründung seiner „Stämme"-Bildungen als Heirats-Bündnis-Politik und in voller Form mit dem neolithischen Fruchtbarkeits-Götter-Kult.

Humanevolutionär hatte die Jugend-Initiation vielmehr genau darin ihren Grund, dass man den *Gesamtkomplex* Eros – Gender – Sexualität **wirklich** begriff. Denn in diesem Bereich lag das Kernproblem der genetischen Verhaltenssteuerung als die Ursache der Kämpfe um Ränge, Macht und >erotischen Erfolg<. Der Durchbruch aus der Tier-Stufe ließ sich ausschließlich dadurch erreichen, dass man insbesondere in *diesem* Bereich *Persönlichkeit* und *Kultur* erreichte, was alles Andere als >ohne< ist – wie es hierbei auch mit der Drachen-Thematik formuliert ist.

Man beachte hier die ganz offensichtlichen Wirkungen dieser evolutionären Entwicklung. Denn bei allem Kampf um Macht und „erotische Attraktivität" *gegen die eigenen* Geschlechtsgenossen erschöpfte sich die ganze „Beziehung" zum anderen Geschlecht jenseits des allgemeinen Soziallebens bei den höheren Primaten ggf. lediglich auf Geschlechtsakte, die zudem nur kurz waren (z.T. nur Sekunden). Mit dem Moratorium der Pubertät wurden in der humanevolutionären Entwicklung Eros und Sexualität zu einer Form der *Personalität*: einer Beziehung von *Person zu Person*. Damit verwandelte sich die *Konkurrenz* gegen das eigene Geschlecht zu *Zuwendung* und *Liebe* zu ei-

---

[105] Göran Burenhult: Illustrierte Geschichte der Menschheit I, S. 100

nem Du, wo das Eigentliche einer Beziehung u.a. aus der Kommunikation miteinander erwächst (→ 4.5). Leider ist gerade auch dieser Bereich zum Opfer der Notstands-Probleme am >Ende der Eiszeit< geworden. Hier entstand das >Heiraten< als eine Institution für den Zweck der Versorgung, der Sozialorganisation oder gar als *Politik* seiner kriegerischen Bündnis-Bildungen, wo das Personale keine eigentliche Rolle mehr spielte. Hier kam erst mit der Psychologie wieder ein Verstehen der anthropologischen Verfassung von >Beziehung< im eigentlichen Sinn auf. Es gibt hier nicht den geringsten Grund, die historischen Barbareien im Geschlechter-Verhältnis (von *beiden* Seiten her) auf die ursprüngliche Kultur zurück zu projizieren. Sie sind effektiv *historische* Entwicklungen.

Es gilt hier zu sehen, dass die >Jugend-Initiation< die explizite Form war, das Moratorium zwischen Geschlechtsreife und dem Erwachsein-Sein zunächst anzuleiten, bis der Nachwuchs Identität ausbildete und seine Selbststeuerung trainieren konnte, bis man ein erwachsenes Niveau von Personalität, Kommunikations- und Konflikt-Fähigkeit erreichte. Es versteht sich dabei, dass sich dies nicht auf die Information beschränken konnte, dass Geschlechtsverkehr Folgen haben kann – was freilich auch der Fall war (→ S. 119, 146 und die hier folgenden Seiten). Die Anlage der ursprünglichen Mythologie in diesem Bereich bedeutet nicht, dass man diesen Sachverhalt noch nicht verstanden hätte, [106] sondern dass man verstanden hatte, dass gerade dieser Gesamtkomplex auf eine wirklich kulturelle und personale Ebene von Selbststeuerung zu bringen war. Es kann hier nicht bloß um ein >technisches Verstehen< von Nachwuchsproduktion gehen, wie dies mit dem Frühen Mesolithikum im Kontext der Heirats-Politik aufkam, was bezeichnenderweise auch die Tierzucht begründete.

---

[106] „Alle Natives wissen, dass Geschlechtsverkehr die Ursache für die Empfängnis von Kindern ist." Åke Hultkrantz: Schamanische Heilkunst, S.307

„Auch die Neunzahl ist indogermanisch. Zwar kommt sie als Zahl der Vollendung ebenfalls bei Ägyptern und Chinesen vor, aber die allermeisten typischen Beispiele finden sich bei den Iraniern, Griechen, Kelten und Germanen. „ [107]

In den paläolithischen Höhlen finden sich in bezeichnenden Zusammenhängen Zahlzeichen mit >9< (Striche oder Zweige)
[*STier = STern = UTerus >Ur(sprung< = (Ur-)Ku^h = or^{i}go*]

Links aus der Höhle von El Castillo (Nordspanien),
rechts aus der Höhle von Lascaux (ich habe hier auch die Angabe
von 8 [Strichen] gelesen. Nach den mir bekannten Fotos sind wie hier
gezeichnet 9 Striche zu sehen, was auch die Anordnung nahe legt.)

s. Beides in: Göran Burenhult, Illustrierte Geschichte der Menschheit I, S. 108

---

[107] Hans-Jürg Braun: Das Jenseits, S. 198

150

Der Komplex *Menstruation – neun Monate* = >schwanger< ist *integraler* Bestandteil der ursprünglichen *Mond*-Symbolik und Mythologie, auch wenn dies für Kinder *natürlich* anders erklärt wird als in der >Jugend-Initiation<.

NoNa = neun >9<   für >schwanger, Geburt<
nah   = engl. *near* - **nähren**
neu

Nanna   sumerischer Mondgott, besonders in Ur verehrt
Nana-   bei den afrik. Akan (Ghana) der >große Ahn<
Nanabush   nordamerik. Figur, die den Menschen schuf
Ninni   auch für *Inanna,* mesopotamische Hauptgöttin
Nene   die erste Frau der Azteken

Nonne   von kirchenlat. *nonna* mit der ältesten
                    Bedeutung >Amme< (Duden 7, *Nonne*)
nanny   engl. >Kinderfrau, Kindermädchen<
nene   spanisch >Baby<
niño   spanisch >Kind<
nana   spanisch >Gutenachtlied<
nēnia   lat. >Lied; Zauberlied [!]; Trauerlied<
Ninne   deutsch >Wiege<
ñu-ñu (*n'yoo-n'yoo*) Quechua (Inka) >Milch<

novus   lat. >neu<, >Neumond<, >der jüngste, letzte;
                    äußerste, hinterste; höchste<
nave   engl. = **Nabe, Nabel**
nūbō   lat. >heiraten<, *nūpta* lat. >Braut, Frau<
nepos   lat. >Enkel(kind), Neffe< = *nápāt* altindisch
                    >Enkel, Nachkomme<
Neffe   (Duden 7, *Neffe*)

        usw.

bi >zwei< - *Paar* – *paaren* = *ti* – *du^{o}* >zwei< - *zeugen*

Nicht nur die Archäologin Marija Gimbutas interpretiert diese
eiszeitichen >Paar<-Zeichen in Verbindung mit >paaren,
schwanger<. S. dazu und die Zeichnungen in:

Marija Gimbutas: Die Sprache der Göttin, S. 168
(Nachzeichnungen)

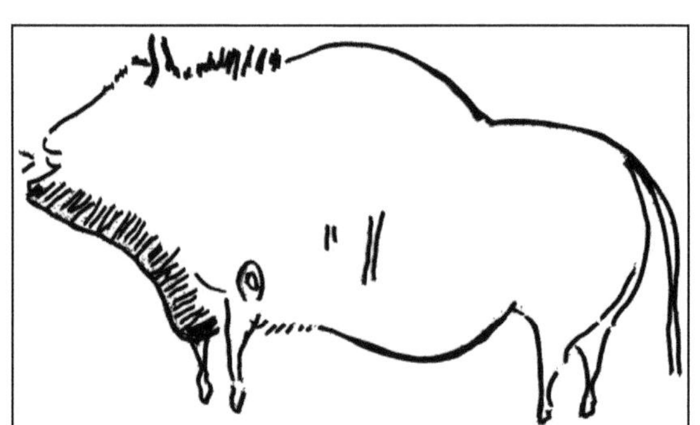

links Ritzzeichnung Bernifal (Süd-F), um 13.000 – 11.000 v. Chr.
rechts Gravierung auf Felsplatte, Lalinde (F), um 11.000 – 9.000 v. Chr.

Es ist schon bemerkenswert, dass die Begriffe >kennen< und >wissen< im Besonderen mit Eros und Sexualität – und damit ursprünglich auch mit der Initiation – verbunden waren:

- *men* >**Mond**<- >**Mensch**< - *men* indoeuropäisch für
    >**erinnern**< [108] (vgl. engl. *mind*) – **Minne** >Liebe<
    - *Min* der altägyptische „Gott der Liebe" – *mein,
    Menstruation,* >Minotauros< (Höhle! - *Mine*) –
    ursprünglich sicher ein Initiations-Mythos

- hebräisch *jada'* >erkennen, geschlechtlich miteinander
    verkehren< - dazu parallel indoeuropäisch griech. *oida*
    (> **Idee**), lat. *video* (von hierher auch **Vision**) - *wissen*
    Die Grundform hebräisch *jad* steht für >Hand<

- **ge(n)* wie in griech. **gn**osis* entsprechend deutsch **Kennen**
    /Kenntnis/Kunde/Bekannte/r und lat. *gens/generare*
    >Geschlecht, erzeugen< entsprechend deutsch **Können**

Es versteht sich, dass das Thema Sexualität ursprünglich notwendigerweise in der >Jugend-Initiation< in einen umfassenderen Komplex der Persönlichkeits-Entwicklung eingebunden war.

Felsgravierung in Alaska (**9** Felder!),
Nachzeichnung nach Anati S. 402

---

[108] nach: Julius Pokorny: Indogermanisches Etymologisches Wörterbuch, S. 726 - 728

6.2.3 Die Jugend-Initiation als Entwicklung von Persönlichkeit als der Begründung von Kultur

„Die Vorstellung der Wiedergeburt ist ursprünglich die eines geistig-seelischen Wandlungsvorgangs.“ [109]

„Liebe ist die Antwort des Ichs auf das Bewusstsein vom Tod.“ [110]

Die Entstehung von >Bewusstheit< als dem unabdingbaren Bestandteil der Selbststeuerung hatte durchaus auch ihre schwierige und auch betrübliche Seite. Mit ihr verknüpfte sich nicht bloß die Erkenntnis seiner Sterblichkeit, sondern – in manchem noch weit schwieriger – auch der Qual der Wahl und der Folgen seiner Handlungen und Entscheidungen. Mit dem Aufkommen von >Bewusstheit< entstand auch die Einsicht in das >Einmalige< (die positiv das Personale begründete) und in den Sachverhalt der >Lebenszeit<: sie läuft. Mit dem Verlust der genetischen Verhaltenssteuerung war man nicht mehr einfach in die Gegenwart und das Gegebene eingebunden. Die Entstehung von Bewusstheit und Subjekt-Sein bedeutete zunächst die pubertäre Krise der völlig neuartigen Fragestellung: „Was will ich eigentlich vom Leben?“ Und nur, wo und wie weit man durch diese Fragestellung und Krise hindurch gegangen ist, kann man sich das Potential des >Lebens< erschließen und aneignen.

„Wir sollten festhalten, dass wir uns vor dem Schmerz, uns selbst ins Gesicht zu blicken, nicht drücken dürfen, wenn wir an unserem Leben Freude haben wollen.“ [111]

---

[109] Peter Schellenbaum: Nimm Deine Couch und geh! S.66
[110] Alexander Lowen: Liebe und Orgasmus, S. 82
[111] Alexander Lowen: Lust – Der Weg zu einem kreativen Leben, S. 84

Das Folgende gilt in ihrer gesteigerten Form für die schamanische Ausbildung, doch wohl in der Grundform für die allgemeine ursprüngliche >Jugend-Initiation<:

„Die bekannteste Form schamanistischer Initiation ist die so genannte >Suche nach Visionen< (*vision quest*). Wenn ein junger Indianer in Amerika Schamane werden möchte oder er den Eindruck hat, die Geister beriefen ihn hierzu, dann begibt er sich an einen entlegenen Ort, oft an den Rand einer hohen Klippe über der Steilküste oder in eine Höhle. In vielen Fällen wählt er eine Stelle mit Felsmalereien, die für diesen Zweck besonders geeignet ist. Die wichtigste Bedingung ist, dass dieser Ort für andere unzugänglich ist. Dort fastet und meditiert der Novize, fernab von seinen Angehörigen und abgeschnitten von den Annehmlichkeiten, die ein Leben in der Gemeinschaft bietet [...]. So bringen ihn Hunger, Schmerz, intensive Konzentration und Abgeschiedenheit schließlich vielleicht dazu, dass er in Trance verfällt. Genau zu diesem Zeitpunkt erscheint ihm ein Tiergeist, der ihn sein Leben lang begleiten und ihm beistehen wird, ihn mit seinen übernatürlichen Kräften erfüllt. [...] Ein langer Weg liegt vor ihm, aber er hat die entscheidende Schwelle überschritten." [112]

Es scheint, dass die Grundform der schamanischen *vision quest* ursprünglich eine Praxis war, die tendenziell jeder Jugendliche (männlich *und* weiblich) unternahm.

„Da der Weg der Visionen [...] bei den [indianischen] Küsten-Salish fast von jedermann beschritten wurde, war die Grenze zwischen einem gewöhnlichen Visionär und einem Anwärter auf die Position des Medizinmannes relativ fließend. [...] Für die Puyallup-Nisqually im Südosten des Pugetsunds ist es selbstverständlich, dass überhaupt jeder Mensch über besondere Kräfte verfügt, die sich in seiner Persönlichkeit ausdrücken." [113]

---

[112] Jean Clottes & David Lewis-Williams: Schamanen, S. 20
[113] Åke Hultkrantz: Schamanische Heilkunst, S. 124

Eine Idee, wie der Kern dieser ursprünglichen Jugend-Initiation verlaufen sein könnte, könnte folgende Erfahrung einer Trance – im Übrigen von einer Frau – darstellen. Sie hat diese Erfahrungen auch in Zeichnungen beschrieben (in der zitierten Quelle abgebildet). In dieser Trance erlebt sie ein >Sterben<. Sie „fühlt sich hinuntergezogen in einen wirbelnden Tunnel, vorbei an skelettartigen Symbolen des Todes und der Vernichtung, der Unterwelt entgegen." Nach einer Phase des völligen Verfalls entstehen wieder Lebensimpulse. Sie sieht einen **Vogel** (vgl. das Schachtbild von Lascaux) „und ruft ihn um Beistand an". Zum „Erlebnis der Wiedergeburt" heißt es: „Der Körper ist wieder ganz und heil, und sie ist von Vögeln umgeben. Es erfüllt sie ein ekstatisches Gefühl, geläutert, verjüngt und gestärkt zu sein und eine Erfahrung von lebensverändernder Kraft und Bedeutung gemacht zu haben. Zwanzig Jahre später hält die Zeichnerin dieses Erlebnis immer noch für eines der bedeutendsten Ereignisses ihres Lebens." [114]

Nachzeichnung: das Vogel-Symbol
auf dem Schachtbild in Lascaux
S. z.B. Wikipedia: *Höhle von Lascaux*
(4.2.21, 6:54 Uhr)

Einen Blick auf die psychische Thematik eröffnet folgender Therapie-Bericht:

„Seine [*des Patienten*] Assoziation zu dem griechischen Helden Perseus war insofern bemerkenswert, als er diesen mit Theseus verwechselt hatte. Diese Verwechslung wurde dadurch bedeutungsvoll, dass er entdeckte, was beide gemeinsam hatten. Beide mussten ihre Furcht von unbewussten, dämonischen, mütterlichen [!] Mächten überwinden und eine einzelne jugendliche weibliche Gestalt von diesen Mächten befreien.

---

[114] aus: Roger N. Walsh: Der Geist des Schamanismus, S. 85 - 89

Diese Rettung symbolisiert die Befreiung der Animafigur von dem verschlingenden Aspekt des Mutterbildes. Erst wenn dies erreicht ist, wird ein Mann zu echter Verbindung mit Frauen fähig [*was analog für Frauen gilt*]. Die Tatsache, dass dieser Mann versäumt hatte, die Anima von der Mutter zu trennen, wurde in einem andern Traum betont, in dem er einem Drachen begegnete, einem symbolischen Bild für den >verschlingenden< Aspekt seiner Anhänglichkeit an die Mutter. Dieser Drache verfolgte ihn, und weil der Mann keine Waffen hatte, zog er in diesem Kampf bald den Kürzeren.

Bezeichnenderweise erschien jedoch seine Frau in dem Traum, und ihr Auftreten ließ den Drachen irgendwie kleiner und weniger bedrohlich werden. Diese Veränderung im Traum zeigte, dass der Träumer in seiner Ehe verspätet die Anhänglichkeit an seine Mutter überwand. Der Held-Drachen-Kampf war der symbolische Ausdruck für sein >Erwachsenwerden<.

Aber die Aufgabe des Helden hat ein Ziel, das über die biologische und eheliche Anpassung hinausgeht. Es ist die Befreiung der Anima als jene innere Komponente der Psyche, die für jede wahre schöpferische Tat notwendig ist.“ [115]

Auch folgende Erfahrung eines Experiments einer *Frau* erinnerte mich dabei an die initiatorische Höhlensituation:

„Den Schlüssel zum Verständnis der sexuellen Magie fand ich nicht, wie man annehmen könnte, im ekstatischen Liebesspiel, sondern in einer Einsamkeit, wie ich sie vorher und nachher in meinem Leben nie wieder erlebt habe.

Auf die Anregung eines indischen tantrischen Mystikers hin nahm ich mit einer Gruppe weiterer Psychologen an einem Versuch zur sensorischen Deprivation teil. Ich wurde sieben Tage und sieben Nächte lang mit einer Augenbinde und Ohrenstöpseln in einem stillen Raum auf dem Lande allein gelassen. Wir bekamen nichts als Wasser und ein halbes Kilo-

---

[115] J. L. Henderson, in: C.G. Jung: Der Mensch und seine Symbole, S. 126

gramm Trauben täglich. Die ganze Zeit gab es keine Kommunikation mit anderen Menschen.

In dieser Isolation, von allen äußeren Reizen abgeschirmt, begann ich bald, mich nach innen zu bewegen und Schicht um Schicht meiner eigenen Seele zu durchdringen. Dabei begegnete ich all den Menschen und Stimmungen meiner Vergangenheit, die in irgendeiner Weise meiner Persönlichkeit Gestalt und Substanz gegeben hatten. Ich hatte die Empfindung durch überfüllte Räume mit Verwandten, Freunden, Lehrern, Priestern, Liebhabern zu gehen, die sich alle zu einer gewaltigen, chaotischen Cocktailparty versammelt hatten und mich mit ihren einander widersprechenden Meinungen überschütteten, wie ich mein Leben zu gestalten hätte.

Als ich durch diese Räume ging, versuchte ich ein meditatives Bewusstsein aufrechtzuerhalten, so dass ich all diese Menschen hören konnte, ohne mich bei einem von ihnen aufzuhalten oder etwas davon zu glauben, was sie sagten. Dadurch konnte ich meine Reise immer tiefer und tiefer in mein innerstes Selbst fortsetzen.

Nach einigen Tagen kam ich an einen Ort tiefer Stille und Ruhe. Es war eine eigenartig paradoxe Empfindung, denn ich spürte eine ungeheuere Energie durch meinen Körper fließen, die mich normalerweise in höchste Aktivität versetzt hätte (umherlaufen, lieben, eine Party veranstalten, irgend etwas, um die überschießende Energie zu verbrauchen), während ich mich jetzt völlig entspannt fühlte, von allem abgelöst, in einem Zustand der Hinnahme und des Vertrauens.

Ich hatte das Gefühl, dass ich jetzt endlich an den Grund meines Seins gelangt war. Es war ein Bewusstseinszustand, der mir nicht nur eine authentische Wahrnehmung des Selbst, des essentiellen >Ich< vermittelte, sondern zugleich weit darüber hinausging, indem ich mit dem kollektiven Bewusstsein aller lebenden Wesen, der Erde und des ganzen Universums verbunden war. Es war ein luzider, ekstatischer, universeller und friedlicher Zustand. Ich hatte schon davor solche Zustände kurzzeitig bei der sexuellen Vereinigung und in der Meditation erlebt; diesmal aber spürte ich zum ersten Mal eine andere Qualität. Ich begann mich in diesem Raum mit einer Quelle großer Weisheit und Klarheit zu verbinden. Ich konnte

158

die tiefsten Fragen über Sinn und Zweck meines Lebens stellen und empfing die tiefsten Antworten. Ich sah, wie sich Schritte meines Lebens in den vor mir liegenden Jahren entfalteten, und ich sah, wie ich meine Wünsche ändern, wie ich Zukunftsalternativen schaffen, alte, lang ersehnte Ziele erreichen konnte. Ich hatte, kurz gesagt, die Wahrnehmung, dass ich unter dem *Kalpataru* saß, dem legendären Wunsch erfüllenden Baum der indischen Mythologie." [116]

Man beachte, dass auch der Orgasmus eine Form der Trance darstellt und dass also eine wirkliche *Hingabe* sowohl in der *Liebe* an eine Person als auch im Sexuellen eine entsprechende Befreiung von Ängsten und Erwachsenheit und die Entwicklung von Identität voraussetzt, denn (wie gesagt):

„Aber erst nachdem ein einigermaßen sicheres Gefühl der Identität erreicht ist, ist eine wirkliche Intimität mit dem anderen Geschlecht (wie übrigens auch mit jedem anderen Menschen und sogar mit sich selber) möglich."
(Erikson: S. 114)

Das spezielle, zweifelsfrei als Mythologie erkennbare Motiv und *Wort* für das, was es dieser Jugend-Initiation zu verarbeiten gilt, ist >**Drache**<.

„Drachen sind also oftmals Herren über Geburt und Tod, da sie die Quellen der Flüsse, die das Leben spenden, ebenso hüten wie deren Mündungen, die ins Totenreich führen. Drachen stehen am Anfang aller Dinge in vielen Schöpfungsmythen. Als Verschlinger von Menschen und Vieh, als Vernichter der Ernten bringen sie Tod und Verderben.
Von daher gesehen ist es nur noch ein kleiner Schritt zu den Initiationsritualen vieler Kulturen, die den Übergang vom Jugend- zum Erwachsenenalter als ein Verschlingen und Ausspeien deuten. Auf Borneo verschwindet beispielsweise der junge Mensch symbolisch im weiten, dunklen Rachen eines

---

[116] Margo Anand: Magie des Tantra, S. 27 f.

Krokodilungeheuers, um zu einer höheren Existenz neu geboren zu werden."[117]

„>V.J. Propp sieht im Drachentötermärchen den Prototyp aller Zaubermärchen überhaupt. Und in der Tat sind die Märchenhelden und -heldinnen alle irgendwie Drachentöter, Retter, Erlöser oder aber Opfer von >Drachen<, Gerettete, Befreite<. [...] M. Lüthi: >Der Drache ist ein Bild für die ungestaltete und gefährliche Natur wie für das eigene Unbewusste.<"[118]

Diese Symbolik ist im chinesischen Daoismus noch gegenwärtig, nur wird sie hier geschlechtlich differenziert formuliert: mit >Drache< für die >männliche Energie< und mit >Tiger< für die >weibliche Energie< (die *Katzen*-Symbolik als Schmusekatze *und Raubtier* findet sich weit für das >Weibliche< verbreitet, so auch im Alten Ägypten in *Hathor*). Hier also werden Leben und Liebe nicht mit den entsprechenden Folgen regressiv und domestikativ aufgenommen, sondern in der Verarbeitung seiner Ängste das erst Spannende des Lebens wie auch der Liebe erschlossen:[119]

„Die Vereinigung von Drachen und Tiger [...ist...] ein wichtiger Prozess in der *inneren Alchemie*."[120]

Daraus ergibt sich insgesamt:

„In alledem liegt aber nunmehr eine ethische Komponente, ein Bewusstwerden der seltsamen seelischen Kräfte, über die der Mensch verfügt. Die schreckliche Realität, die uns in diesen rituellen Phantasien entgegentritt, ist die Realität der menschlichen Seele selbst. Ihre Kräfte sind Verderben brin-

---

[117] Sigrid Früh: Märchen von Drachen, S. 22; 24
[118] R.W. Bredrich: Enzyklopädie des Märchens, Sp. 815
[119] s. dazu in speziell weiblicher Hinsicht das sehr empfehlenswerte Buch
>Die Wolfsfrau< von Clarissa Pinkola Estés
[120] Harenberg Lexikon der Religionen, S. 814

160

gend, aber auch heilend, erlösend. Diese Menschen sind gegen die Kleinlichkeiten des Daseins gewappnet, denn sie haben nicht nur das Schicksal in der zermalmenden Kraft des Todes erkannt, sondern auch alle Verlangen der menschlichen Seele erfahren, die sie in personifizierenden Bildern gestaltet und erlebt haben. Das Geheimnis des schöpferisch-drängenden Unbewussten ist in dieser Formensprache greifbar. Für diese Menschen kann es keine Schrecken mehr geben, nachdem sie sich so Furchtbarem unterworfen haben, zunächst widerwillig, dann aber doch überwältigt von der schöpferischen Macht, die der Seele innewohnt." [121]

Der „Stier-Mensch" *am Ende* der Höhle Gabillou (F) [122]

---

[121] Hans Findeisen & Heino Gehrts: Die Schamanen, S. 72 f.
[122] Nachzeichnung nach: V. E. Ščelinskij & V. N. Širokov: Höhlenmalerei im Ural, S. 164. S. dort Abschnitt über die „Tier-Mensch-Wesen" S. 162 ff.

6.3 Das Integrale Bewusstsein

„Als ein menschliches Wesen zu leben war in den ältesten Kulturen schon an sich ein religiöser Akt, denn Nahrung, Sexualität und Arbeit hatten eine sakramentale Bedeutung. Mit anderen Worten, Mensch sein oder, besser: werden heißt >religiös< sein.“ [123]

„Liebe ist nicht in erster Linie eine Bindung an eine bestimmte Person. Sie ist eine Haltung, *eine* Charakter-Orientierung, *welche die Bezogenheit eines Menschen zur Welt als Ganzem und nicht nur zu einem einzigen >Objekt< der Liebe bestimmt.“* [124]

Infolge der sprachlich aufgebauten Bewusstseins-Anlage des Menschen kommt es bei der Entwicklung von Identität, Bewusstsein und Kultur zu einem integralen oder *ganzheitlichen* Empfinden von >Leben<, oft auch als >spirituell< bezeichnet. Es geht um das Empfinden der Lebendigkeit der >Welt<, der >Würde< des >Lebens<, von Integrität und einer >Verbundenheit< mit der Welt und der Menschheit usw. Das Umgekehrte ist in der Psychologie etwa als >schizoide Störung< bekannt:

„Wer nicht spürt, dass er Teil eines größeren Ganzen ist, wer nicht merkt, dass sein Leben Teil eines natürlichen Prozesses ist, der weit über ihn hinausreicht, von dem kann man sagen, er sei seelenlos. […] Ohne Seele hockt er im Gefängnis seines Geistes, und seine Lust bleibt auf Ego-Befriedigung beschränkt.“ [125]

Positiv ist diese Auffassung etwa in einer indianischen Kultur formuliert (die dem Motiv der >Venus<-Figuren entspricht):

---

[123] Mircea Eliade: Geschichte der religiösen Ideen I, S. 7
[124] Erich Fromm: Die Kunst des Liebens, Großdruck S. 75
[125] Alexander Lowen: Lust, S. 132

„Wir sind ein Teil der Erde, und sie ist ein Teil von uns. Die duftenden Blumen sind unsere Schwestern, die Rehe, das Pferd, der große Acker sind unsere Brüder. Die felsigen Höhen, die saftigen Wiesen, die Körperwärme des Ponys und des Menschen – sie alle gehören zur gleichen Familie. [...] Was wir unsere Kinder lehren: Die Erde ist Eure Mutter. Wenn Menschen auf die Erde spucken, bespeien sie sich selbst. Denn das wissen wir: Die Erde gehört nicht den Menschen, der Mensch gehört der Erde. Der Mensch schuf nicht das Gewebe des Lebens, er ist darin nur eine Faser. Was immer Ihr dem Gewebe antut, das tut Ihr Euch selber an.“ [126]

Im Alten China hieß es:

„Wahrer Mensch [...*ist*] derjenige, der das *Dao* in sich selbst vollendet hat, der es verkörpert und durch sein Handeln, das ein *absichtsloses Handeln* [*] ist, bekundet. Er stellt ein von allen Daoisten angestrebtes Ideal dar.“ [127]

In der ursprünglichen Sprache des Homo sapiens findet sich diese Verbindung u.a. in der Reihung deutsch *Ma - Mond – Mensch – Minne –* (engl.) *mind* >Geist, Bewusstsein< (= *anima*). So sehr die ursprüngliche Mythologie Bilder und Geschichten bzgl. des >Transzendenten< liefert - nämlich für die kindliche Bewusstseins-Entwicklung -, so geht es auf der Erwachsenen-Stufe doch darum, das Transzendente als tatsächlich transzendent zu begreifen: seine Grenzen in Zeit und Verstehen anzuerkennen und seine gegebene Lebens-Chance im *Immanenten* zu verwirklichen: Kultur und Persönlichkeit zu entwickeln.

---

[126] Aus der Rede des Häuptlings Seattle vom Stamm der Duwamish 1855. Die Authentizität der Überlieferung ist umstritten. Das Zitierte dürfte jedoch die dortige Philosophie zutreffend wiedergeben.

[*] unter >absichtslosem Handeln< dürfte insgesamt das >nicht Ego-motivierte Handeln< zu verstehen sein

[127] Harenberg Lexikon der Religionen, S. 814

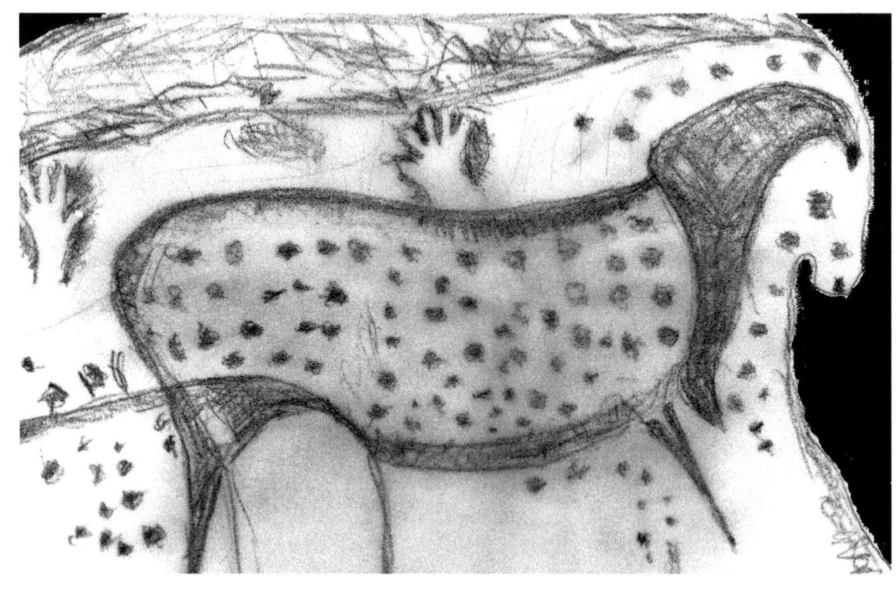

Aus der Höhle Peche-Merle (F), Umriss ca. 15.000 Jahre alt, Punkte und Hände verschiedentlich *hinzugefügt. - Auf dieser Abbildung ist am Kopfbereich die Technik gut zu erkennen, dass natürliche Formen aufgenommen wurden.* [128]

---

[128] Nachzeichnung nach: Göran Burenhult, Illustrierte Geschichte der Menschheit I, S. 112 f.

164

Teil 3
Homo sapiens, Geschichte und Zukunft

7.1 Von der Herkunft des Menschen aus dem >Paradies<

„Überhaupt ist es typisch für Sammlerinnen- und Jägergesellschaften, die unter Bedingungen wie die der afrikanischen leben, dass sie ein ausgesprochen unbekümmertes, heiteres Naturel besitzen, sich gerne amüsieren und viel lachen.
Die Voraussetzungen dazu sind ihnen auch wahrlich gegeben. Man hat errechnet, dass Buschmänner oder Hadza zum Beispiel einen Arbeitsaufwand von weniger als zwei Stunden pro Tag aufbringen müssen, um ihren Lebensunterhalt sicherzustellen. Es bleibt ihnen also reichlich Muße, die ihre Phantasie beflügelt und die sie denn auch mit viel Spiel, Tanz, Gesang, Unterhaltung und Geschichtenerzählen ausfüllen. Man darf annehmen, dass dies früher [...] nicht viel anders war." [129]

„So führten die wenigen Menschen, die nomadisierend das Land durchzogen, wahrscheinlich ein fröhliches Jägerleben, unbeschwert und glücklich, allen guten Dingen dieser Erde zugetan. Daher auch die Vermutung, dass sich in der Paradieslegende die Erinnerung an diese letzte Epoche der Eiszeit erhalten habe." [130]

---

[129] H. Christoph, K. E. Müller & Ute Ritz-Müller: Soul of Africa, S. 91
[130] Rudolf Pörtner: Bevor die Römer kamen, S. 101 f.

Der entscheidende humanevolutionäre Umschlag ist auf das Moment anzusetzen, wo der Einsatz für Kultur den Einsatz für seine Überlebens- und Existenz-Besorgung überstieg.

Die Humanevolution bedeutete den Schritt vom Existieren, Überlebens-Verhalten und den Reproduktionslogiken hin zu *Kultur* und einer Sicht vom Leben als Chance, Wunder und Abenteuer.

Wenn hier von der „Herkunft des Menschen aus dem Paradies" gesprochen werden soll, so nicht aufgrund der Auffassung, dass die Verhältnisse jemals so idyllisch gewesen seien, wie es sich die projektiven Fantasien ausmalen und es die Bilder von den Urlaubs- und den Einkaufs-Paradiesen (als Ersatz für das einstige >Paradies<) vorgaukeln.

Die „Herkunft des Menschen aus dem Paradies" erklärt sich vom Sozialen und den Beziehungen her, insbesondere in einem Aufwachsen in Zuwendung. Doch letztlich erklärt sie sich aus der Mythologie. Es waren diese Geschichten für die Kleinkinder von z.B. >MutterVater Mond<, die die Welt und das Leben als extra für sie geschaffen vorstellen. Mit dieser *Sicht* erlebten die Kinder in der entsprechenden Zuwendung ihr volles Glück, und dieses kindliche Glück machte das Leben auch für die Erwachsenen zu einem >Paradies<.

Natürlich verhält es sich mit dem Leben, wie sich das >Paradies< in den Geschichten für die Kleinkinder darstellt, nicht so einfach und auch gar nicht so unproblematisch. Doch wo die Kultur und die Bewusstseins-Entwicklung richtig angelegt sind, lassen sich auch die Probleme, die Konflikte und auch die Grenze seiner Lebenszeit als Herausforderung begreifen und also, dass das Leben in *Wirklichkeit* noch besser: noch spannender und noch wertvoller ist.

7.2 Die „Vertreibung aus dem Paradies"
- Zur historischen Entwicklung

„Die biblische >Vertreibung aus dem Paradies< wird zu einer sehr wirklichkeitsnahen Umschreibung der Vorgänge. Mit dem Ende der Eiszeit begann die >schlechte Zeit< für den Menschen [...]." [131]

„Wir sind Gruppenwesen, keine Gesellschaftswesen [...]. Unser Ursprungsmilieu war weniger die Savanne als die kleine Gemeinschaft von 25 bis 29 Personen, von denen die Hälfte Kinder waren. Die Kleingruppe ist unser angemessenes Urmilieu. Erst seit der neolithischen Revolution vor etwa zehntausend Jahren sind wir aus diesem Paradies, auf das wir uns körperlich, seelisch und geistig entwickelt haben, vertrieben. Die sich mit der Ackerbaukultur bildenden Großgesellschaften entwickeln sich nach vollkommen anderen Gesetzen. Sie folgen den Gesetzen der >Gesellschaftsmechanik<, wie Norbert Elias es nennt [...]. Die Gesellschaft ist und bleibt menschenfern, obwohl sie von uns zwangsläufig selbst gemacht wird."

Michael Lukas Moeller (Psychoanalytiker) [132]

---

[131] Josef H. Reichholf: Das Rätsel der Menschwerdung, S. 11
[132] Michael Lukus Moeller: Der Krieg, S. 40. Nach neueren Einsichten ist dieser Umbruch jedoch nicht erst mit der Neolithischen Revolution und dem Ackerbau zu verbinden, sondern mit der **Mesolithischen** Revolution in der Folge der gigantischen Naturkatastrophen am Ende der Eiszeit.

Die völlig neuartigen kulturellen Entwicklungen, die am >Ende der Eiszeit< einsetzen, erklären sich nicht als Umschlag von der biologischen Evolution in die kulturelle Evolution und nicht als Beginn der Kulturentwicklung, wie man dies im Gefolge der Vorstellungen des 19. Jahrhunderts mitunter heute immer noch sieht. Der Beginn der Entwicklung von Kultur war, wie dargestellt, vielmehr der Inhalt der humanevolutionären Entwicklung.

In Wirklichkeit verhält es sich eher umgekehrt. Die neuartigen Entwicklungen am Ende der Eiszeit erklären sich aus den Folgen gigantischer Naturkatastrophen und –Umbrüche.

„Die letzten 5.000 Jahre der Eiszeit waren eine Periode von Klimaveränderungen geradezu apokalyptischen Ausmaßes, die alles übertrafen, was uns heute bekannt ist." [133]

„Dieser grundlegende Klimawechsel, der für viele Pflanzenfresser das Aussterben bedeutete, betraf auch den Menschen." [134]

Anders als vielen höheren Tierarten gelang es dem Menschen wohl zu überleben, doch verbreitet auch nicht viel mehr. Die neuen Entwicklungen am Ende der Eiszeit erklären sich nicht als Beginn der Entwicklung von Kultur, sondern als Reaktionen auf die entstandenen Notstandsprobleme wie auch als *Verlust* an Kultur. In diesem Verlust an Kultur haben die Entwicklungen von autoritären Strukturen, von Macht, Gewalt, Kriegen, Militarismus und Barbareien bis hin zu Sklaverei und Faschismus ihren Ursprung. Sie erklären sich nicht aus der Evolution, wie man früher meinte, sondern ganz im Gegenteil als Rückfall hinter die Kultur der Humanevolution.

---

[133] Brian Fagan: Die Eiszeit, S. 131
[134] W. von Koenigswald & J. Hahn: Jagdtiere und Jäger der Eiszeit, S. 92 f.

168

All dies stellt sich in besonderer Form zuerst im Nahen Osten
dar. Die dortigen Entwicklungen am Ende der Eiszeit erklären
sich nicht aus einem vermeintlich „Fruchtbaren Halbmond",
sondern aus Notstandsverhältnissen mit Ernährungsproblemen
wie damals sonst nirgends auf der Welt:

„In den Skeletten finden sich Indizien für Minderversorgung,
womöglich durch Vitamin- und Eiweißmangel oder schlich-
ten Hunger. Und die Menschen schrumpften. >Wir sehen
eine drastische Reduktion der Körpergröße<, sagt der Paläo-
anthropologe Jean-Jacques Hubling vom Leipziger Max-
Planck-Institut für evolutionäre Anthropologie. >In der Über-
gangsphase waren die Leute schlecht ernährt.<" [135]

„Andererseits wissen wir, dass es sich [*bei dem Schritt zur
Nahrungsproduktion*] um eine vom Klima ausgehende, von
vielen Zufällen gelenkte, ungewollte Entwicklung handelt, in
die der damalige Mensch wohl unwissend >hineinrutschte<.
Pflanzenbau bedeutet keineswegs eine Erleichterung des Lebens, denn der Jäger und die Sammlerin kannten wesentlich
sicherere und vielfältigere Strategien der Nahrungsbeschaf-
fung." [136]

„Niemand konnte die landwirtschaftliche Revolution vorher-
sehen und niemand wollte sie. Eine Abfolge winziger Entscheidungen, mit denen sich die Menschen den Magen füllen
und ein bisschen Sicherheit gewinnen wollten, summierte
sich so lange, bis die alten Wildbeuter unter sengender Sonne
Wassereimer schleppten." [137]

*Näheres über die Entwicklungen ab dem >Ende der Eiszeit<
mit ihren Konsequenzen bzgl. der Auffassung des historischen
Prozesses enthält mein Buch >**Die kopernikanische Wende
unseres Weltgeschichts-Bildes**<*

---

[135] U. Bahnsen, Der Treck nach Westen, in: Die *Zeit*, 20. 7. 2006, S. 25 f.
[136] C. Strahm, in: Die ZEIT Welt- und Kulturgeschichte, Band 1, S. 124 f.
[137] Yuval Harari: Eine kurze Geschichte der Menschheit, S. 115

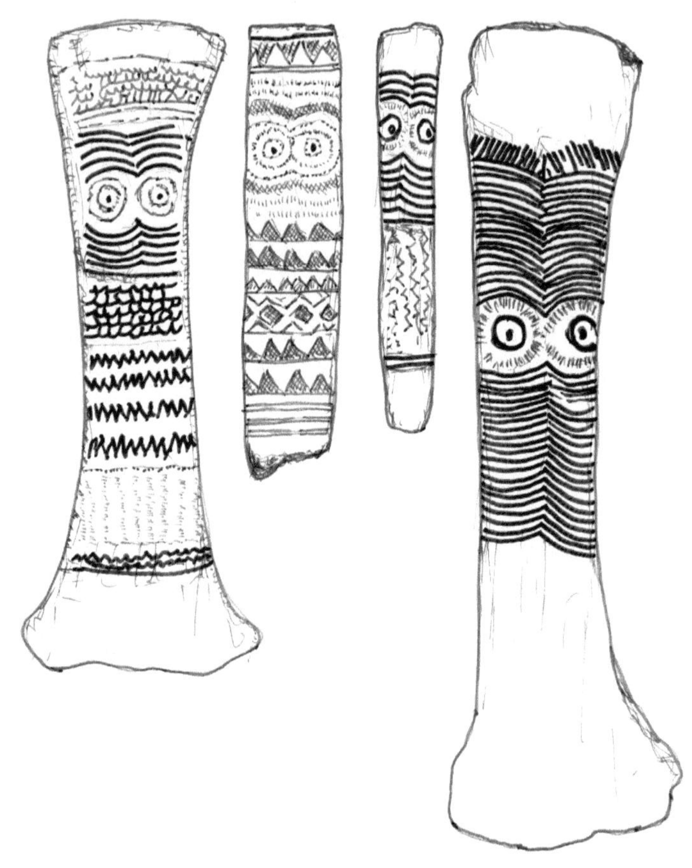

Objekte aus der Almeria-Los-Millares-Kultur, Spanien, 1. Hälfte 3.Jt.,
(Nachzeichnung) nach: Marija Gimbutas: Die Sprache der Göttin, S. 54

Wo diese *Augen*-Symbole aus einem - auch menschlichen - *bone* bestehen,
dürften sie in Parallele zu der kretischen Doppelaxt, dem germanischen
Thor-Hammer und den römischen *fasces* als Kult-Instrument der Herrschaft
über >Leben und Tod< zum >Bannen< als *Binden* (Heiraten und >Frucht-
bar-Machung<) oder *Verbannen, Verdammen* zu verstehen sein.

7.3 Inmitten einer neuen evolutionären Transformation [*]

Das, was sich nun aus der übergreifenden evolutionären Perspektive in Hinsicht auf die >historische Entwicklung< darstellt, ist, dass wir es seit der fundamentalen Krise am >Ende der Eiszeit< mit der potentiellen Entwicklung einer neuen evolutionären Stufe an Kultur zu tun haben.

Diese Überlegung ist nicht neu. Im Grunde steckt sie auch in dem alten Modell der Fortschritts-Geschichte, und es gibt noch andersartige Konzeptionen der Sicht einer neuen evolutionären Stufe. Dennoch meine ich, dass dieser Sachverhalt von den sich inzwischen darstellenden Daten noch etwas anders zu denken ist.

Die Vorstellung von >Hochkultur< besteht nicht ohne Grund. Es ist effektiv zutreffend, dass die ursprüngliche = paläolithische Kultur aus heutiger Sicht weder als *endgültiges* Optimum noch insgesamt als evolutionär dauerhaft zureichend gesehen werden kann. Die entstandenen Probleme sind kein Zufall. Wenn auch die Naturkatastrophen am >Ende der Eiszeit< außergewöhnlich dramatisch waren, eben Phänomene eines >geologischen Umbruchs< (vom Pleistozän auf das Holozän), so gehört es doch zu dem Sachverhalt der Realitätsfähigkeit einer Art, auch geologische Umbrüche bewältigen zu können, wie dies etwa auch den >Affen< usw. möglich war. An diesem Punkt zeigte sich, dass die ursprüngliche Kultur des *Homo sapiens* insgesamt noch nicht zureichte.

---

[*] Der Begriff >Transformation< spielt auf internationale Debatten und Initiativen an, s. dazu im Besonderen das Buch: Uwe **Schneidewind**, Die Große Transformation – Eine Einführung in die Kunst des gesellschaftlichen Wandels (Frankfurt/M 2018)

In gewisser Weise ist die Großhirn-Evolution aus ihrer besonderen Fähigkeit in der Bewältigung von geologischen Krisen hervorgegangen, und wir sehen in der historischen Entwicklung, dass es das Aufkommen existenzialer Probleme in dem geologischen Umbruch am >Ende der Eiszeit< war, das die menschliche Intelligenz zu völlig neuen Leistungen und Entwicklungen anregte. So können wir die historische Entwicklung in einem Teil als eine Art evolutionären Schub *bzgl. der Entwicklung an Kultur* begreifen, der inzwischen eine Stufe erreicht hat, die eine völlig neuartige historische Perspektive in den Raum stellt.

Wenn es bislang gemeinhin auch falsch verortet war, so ist es durchaus richtig, dass die Nahrungsproduktion und die weitere technologische Entwicklung als Grundlage der evolutionär entscheidenden Fortschritts-Entwicklung begreifbar sind. Das inzwischen bestehende Potential an Nahrungs- und sonstiger Produktion reicht nicht bloß hin, die entstandenen Notstands-Probleme komplett zu beheben, sondern wir sind inzwischen auch schon zu einer Weltraum-Technologie gekommen, mit der sich mit der Zeit noch weitere völlig neuartige Entwicklungs-Möglichkeiten erschließen lassen.

Es mangelt schon lange nicht mehr an Angeboten von Nahrung, Produktion, Technologien und Dienstleistung. Bereits in den 1830er Jahren wurde - offenbar zuerst von dem Franzosen Charles Fourier - erkannt, dass in Wirklichkeit längst das Gegenteil das *Problem* ist: das *Überangebot*, das aufgrund der ökonomisch-politischen Zusammenhänge bislang regelmäßig in Kriege und einen allgemeinen gegenseitigen Selbstruin führte.

Das also, woran es in Wirklichkeit **seit dem Ende der Eiszeit bis heute** mangelt, verknüpft sich mit der Entwicklung von Kultur und Persönlichkeit und der Beherrschung von Sprache und Kommunikation. Dieser kulturelle Rückfall besteht in vielem als ein tatsächlich wahrhaft finsteres menschheitsgeschichtliches Mittelalter bis heute fort, und dieser Stand reicht für die Bewältigung der evolutionären Anforderung etwa in sozialer Hinsicht nicht hin. So richtig es auch ist, die >Hochkultur< als menschliche Möglichkeit zu begreifen, so wichtig ist es, überhaupt erst einmal zu verstehen, was Kultur im tatsächlichen Sinn: nämlich von der genetisch-biologischen Anlage des Menschen her eigentlich meint.

So sehr die technologischen Entwicklungen an sich als Fortschritte gewürdigt werden können, so ist die der Vorstellung von „Hochkultur" zugrunde liegende Verwechslung von Technik und Kultur tatsächlich Bestandteil des seit dem >Ende der Eiszeit< entstandenen Mangels an Kultur, sonst würde man so fundamentale Unterschiede (vergleichbar mit >Umsatz< und >Gewinn< bei zumal Roten Zahlen) nicht verwechseln.

Es zeigte sich bereits in der humanevolutionären Entwicklung, dass das bloß Technologische zum Überleben nicht hinreicht und darin nicht die Lösung liegt, weil das eigentliche evolutionäre und auch das historische Problem – bis auf die besonderen Krisen in den geologischen Umbrüchen, womit wir jedoch seit 10.000 Jahren nicht mehr zu tun haben - gar nicht in Hinsicht auf Versorgung liegt, sondern im Sozialen. Die historische Linie zu den beiden Weltkriegen und dem Faschismus sollte endlich wahrgenommen werden.

In gewisser Weise sind wir in der eigentlichen kulturellen Hinsicht durch die Naturkatastrophen des geologischen Umbruchs am >Ende der Eiszeit< auf den Anfang der humanevolutionären Entwicklung zurückgeworfen worden. Wir haben von daher wieder mit exakt den gleichen Problemen des Gerangels um Macht, Ränge und >erotische Attraktivität< wie am Anfang der humanevolutionären Entwicklung zu tun, nur diesmal mit dem ganz anderen Bestand an Technologie und Wissen. Dies ist Problem wie Chance zugleich.

Die Chance besteht darin, dass wir heute die menschliche Situation humanwissenschaftlich in Persönlichkeit und Sozialwesen weltweit über die gesamte Geschichte bis weit in die Evolution zurück überblicken können und die organisatorischen Möglichkeiten haben, die entstandenen sozialen Probleme zu beheben.

Die vorhandenen Technologien können hierfür eine bedeutsame Hilfe sein. Doch liegt in ihnen selbst an sich nicht die geringste Lösung, sondern bei den bisherigen alten historischen Prämissen nur das sichere Scheitern. Dieses Problem belegt sich nicht bloß in der geschichtlichen Linie der eingebildeten „Hochkulturen" bis hin zum Faschismus und den Weltkriegen usw., sondern auch schon in den evolutionären Vorformen. Die Lösung verknüpft sich genau wie in der Humanevolution **ausschließlich** mit der Entwicklung von Kultur und Persönlichkeit, d.h. wenn die Technologien und Wissenschaften definitiv unter diesem *Primat* dafür gebraucht werden, sozial und ökonomisch Kultur zu schaffen und etwa das Problem der selbst verschuldeten Unmündigkeit zu beheben.

Die Hoch*kultur* als **menschlich verarbeiteter** technologischer und wissenschaftlicher Fortschritt ist sehr wohl eine menschliche Möglichkeit. Doch davon kann bislang historisch noch keine Rede sein, auch wenn es dafür schon über die ganze Geschichte hinweg bis heute viele wichtige und richtige Ansätze und Beiträge gibt.

Es ist inzwischen deutlich geworden, dass die Erde keine Scheibe und die Karibik noch nicht Indien ist. Vieles konnte man bis vor kurzem nicht besser wissen. Inzwischen ist jedoch die Geschichte bis in die ferne Evolution zurück zumindest im Grundsätzlichen überschaubar geworden. Dies bietet die Chance, endlich tatsächlich die Lösung der menschheitsgeschichtlichen Probleme zu erreichen, die am >Ende der Eiszeit< aufrissen und bis heute andauern. Ökonomisch, technisch und in Know How steht dafür alles Potential zur Verfügung. Es ist inzwischen deutlich geworden, dass sich so manches auf der sich nun abzeichnenden neuen historischen >Weltkarte< doch recht anders darstellt als noch bis vor kurzem gedacht. Die Karibik war noch nicht Indien - aber Indien wurde doch erreicht. Das Erreichen der *menschheitsgeschichtlichen* Neuzeit ist eine echte Möglichkeit, und dieser Prozess ist nun endlich auch effektiv verortbar geworden.

174

Was der Sachverhalt einer evolutionären Krise bedeutet, können wir also selbst erleben. In einem gewissen Sinn befinden wir uns wieder in der gleichen Lage wie in der humanevolutionären Krise vor Homo sapiens.

Die historische Entwicklung von Technologie und Wissenschaft zeigt in einem gewissen Rahmen durchaus Sinn und auch Notwendigkeit. Doch alles hängt nun davon ab, den am >Ende der Eiszeit< entstandenen Rückfall hinter die Humanevolution mit ihren ganzen Formen an kultureller Verwahrlosung wie Machtverhältnisse, Militarismus, Ausbeutung, Barbarei usw. zu überwinden.

Wenn dies gelingt, dann werden wir eine neue Ära der Menschheit erreichen, in der die kulturelle Entwicklung auf eine höhere technologische Stufe gestellt ist. Es geht nicht um ein Zurück zur „Natur", sondern um das Zurück zu Kultur, insbesondere in dem Verstehen von dem, worum es sich neurologisch bei uns Homo sapiens bei >Sprache< handelt: um ein Instrument der Selbst-Steuerung und von Kommunikation zwecks einem fähigen Sozial- und Beziehungsleben, nicht zuletzt in Sachen >Liebe<.

Christoph W. Rosenthal

Die Mesolithische Revolution

als die Begründung der historischen Entwicklung am Ende der Eiszeit

Nicht die Neolithische Revolution, sondern die vorausgehende nahöstliche Mesolithische Revolution vor etwa 13.000 Jahren ist das zentrale Datum der Menschheitsgeschichte. Sie wurde durch Notstands-Probleme infolge der gigantischen Naturkatastrophen und – Umbrüche am Ende der Eiszeit ausgelöst. Ihre Lösungen - wie eine neuartige Sozialorganisation (s. Göbekli Tepe) und die Erfindung der Sprachkonzeption auf der reinen Basis von Vokabular und Grammatik – begründeten im Abgang von der humanevolutionären Kultur den historischen Prozess. Sie sind die Ursache für die Fortschritte, aber auch für grundlegende Probleme in der historischen Entwicklung. Es ist insofern von Bedeutung, die Mesolithische Revolution im Näheren zu verstehen.

Die Konzeption der >Mesolithischen Revolution< nimmt die neueren humanevolutionären sowie die neueren frühgeschichtlichen Einsichten auf (u.a. die Entdeckung der mächtigen Megalith-Anlage von Göbekli Tepe [ein Pfeiler s.o.]). Dies ist mit einer grundlegenden Korrektur des bisherigen Geschichts-Bildes verbunden.

Erschienen im Januar 2021

ISBN 978-3-96103-997-5 9,95 Euro (D)

Literatur-Liste

Zitierte oder benutzte Literatur (Auswahl)

GEO Wissen: Die Evolution des Menschen. Wie wir wurden, was wir sind. Heft September 1998, Hamburg 1998

DIE ZEIT Welt- und Kulturgeschichte, Band 1: Anfänge der Menschheit und Altes Ägypten, Hamburg 2006

Saeculum Weltgeschichte, hg. von Herbert Franke u.a., Freiburg, Basel, Wien 1965

Göran **Burenhult** (Hg.): Illustrierte Geschichte der Menschheit, (Hamburg) Augsburg 2000

Harenberg Lexikon der Religionen – Die Religionen und Glaubensgemeinschaften der Welt, Redaktion Berthold **Budde** und Christine **Laue-Bothen**, Dortmund 2002

Rolf Wilhelm **Bredrich** (Hg.), Herman **Bausinger: Enzyklopädie des Märchens.** Handwörterbuch zur historischen vergleichenden Erzählforschung, Berlin – New York, Band 4 1984

Julius **Pokorny**: Indogermanisches Etymologisches Wörterbuch I, Bern – München 1959

4 Millionen Jahre Mensch - Das einzigartige Schauspiel zur Menschheitsgeschichte (Deutschland-Tournee 1997 – 2000 mit verschiedenen Ausstellungen, Katalog United Exhibits 1996)

Gabriele **Uelsberg** & Stefan **Lötters**: Roots/Wurzeln der Menschheit, Mainz (Verlag Philipp von Zabern), 2006
(Katalog zur Ausstellung Roots/Wurzeln der Menschheit im Rheinischen Landesmuseum Bonn 2006)

Hermann **Parzinger**: Die Kinder des Prometheus. Eine Geschichte der Menschheit vor der Erfindung der Schrift, Beck Verlag München, 2014 *(enthält auch den Bereich der Humanevolution)*

Ernst **Probst**: Deutschland in der Steinzeit, (1991), München 1999

Reinhard **Pohanka**: Die Urgeschichte Europas, Marixverlag, Wiesbaden, 2. Auflage 2016

André **Langeney**, Jean **Clottes**, Jean **Guilaine**, Dominique **Simonnet**: Die schönste Geschichte des Menschen – Von den Geheimnissen unserer Herkunft, Bergisch Gladbach 2000

Sibirische Trommel
Nachzeichnung nach: Mihály Hoppál, Schamanen, S. 131

Weitere zitierte oder erwähnte Literatur

Margo **Anand**: Magie des Tantra. Die hohe Schule der Erotik, München 1995; 1997

Emmanuel **Anati**: Höhlenmalerei, (1997), Düsseldorf 2002

Joachim **Bauer**: Prinzip Menschlichkeit. Warum wir von Natur aus kooperieren; (2006), TB: Wilhelm Heyne Verlag München, 2014 [7]

Joachim **Bauer**: Selbststeuerung. Die Wiederentdeckung des freien Willens; (2015), TB: Wilhelm Heyne Verlag München, 2018

Bruno **Bettelheim**, Kinder brauchen Märchen (Or. New York 1975), Stuttgart 1977; dtv München 1980, 5 Auflage 1982

Ernst **Bloch**, Das Prinzip Hoffnung, Suhrkamp Verlag, Frankfurt/M 1959, 6. Auflage 1979

Hans-Jürg **Braun**: Das Jenseits. Die Vorstellungen der Menschheit über das Leben nach dem Tod, (1996) Insel Taschenbuch, Frankfurt/M – Leipzig 2000

Manfred **Brauneck**: Theater im 20. Jahrhundert. Programmschriften, Stilperioden, Reformmodelle, Reinbek (1982), aktualisierte Ausgabe 1986, 1988

Emma **Brunner-Traut** (Hg.): Altägyptische Märchen (Diederichs Märchen der Weltliteratur), Reinbek 1991, 1993

Friedrich **Burschell**: Schiller, Reinbek, 1958, 1987

Henning **Christoph**, Klaus E. **Müller** & Ute **Ritz-Müller**: Soul of Africa - Magie eines Kontinents, Köln 1999

Jean **Clottes** & David **Lewis-Williams**: Schamanen – Trance und Magie in der Höhlenkunst der Steinzeit, Sigmaringen 1997

Fiona **Danks** & Jo **Schofield**: Spielplatz Natur. Mit Kindern die Natur spielerische entdecken, erleben und gestalten, (Original 2005), AT-Verlag Baden, München, 2008

Alain **Degré** & Sylvie **Robert**: Tippis Welt. Die Lehrjahre unserer Tochter unter den wilden Tieren Afrikas, 2002, TB-Ausgabe (Ullstein) 2004

Hoimar von **Ditfurth**: Der Geist fiel nicht vom Himmel. Die Evolution unseres Bewusstseins, (Hamburg) (Augsburg 1990)

Hoimar von **Ditfurth**: Im Anfang war der Wasserstoff (Hamburg 1972), München/Zürich 1975

Jeff **Doring** (Hg.): Gwion Gwion, Dulwan Mamaa - Geheime und heilige Pfade der Ngarinyin, Aborigines in Australien, Köln 2000

Keith **Dowman**: Geheimes, heiliges Tibet. Ein Führer zu den Mysterien des verbotenen Landes, Kreuzlingen, München 2000

Mircea **Eliade**: Geschichte der religiösen Ideen, Freiburg, Basel, Wien, Band I: (1978). 1990[6], Band II 1979

Erik H. **Erikson**: Identität und Lebenszyklus, Frankfurt/M 1966; 1973, 9. Aufl. 1985

Clarissa Pinkola **Estés**: Die Wolfsfrau. Die Kraft der weiblichen Urinstinkte. München (1993), TB 1996

Brian **Fagan**: Die Eiszeit. Leben und Überleben im letzten großen Klimawandel, Theiss Verlag Stuttgart, 2009

Edoardo **Fazzioli**: Gemalte Wörter. 214 chinesische Schriftzeichen – vom Bild zum Begriff, Wiesbaden 2003 (nach der 5. Auflage von 1991)

Moshé **Feldenkrais**: Bewusstheit durch Bewegung. Der Aufrechte Gang, Frankfurt/M 1968, TB: 1978, 1985

Hans **Findeisen**/ Heino **Gehrts**: Die Schamanen - Jagdhelfer und Ratgeber, Seelenfahrer, Künder und Heiler, München 1983, 4. Auflage 1996

Erich **Fromm**: Die Kunst des Liebens, Großdruck Frankfurt/M, Berlin 1989

Sigrid **Früh**: Märchen von Drachen, Frankfurt/M 1988

Lilo **Gersdorf**: Orff, Reinbek, 1981

Marija **Gimbutas**, Die Sprache der Göttin, Frankfurt/M 1995

Daniel **Goleman**: Emotionale Intelligenz (Original New York 1995; dt. München – Wien 1995), dtv München 1997

Daniel **Goleman**, Paul **Kaufman** & Michael **Ray**: Kreativität entdecken, (1997), dtv München, 1999, 2. Auflage 2000

A.C. **Grayling**: Wittgenstein. Herder Verlag Freiburg – Basel – Wien o. J.

Harald **Haarmann**: Weltgeschichte der Sprache. Von der Frühzeit des Menschen bis zur Gegenwart. Verlag C.H. Beck, München, 2006

Yuval Noah **Harari**: Eine kurze Geschichte der Menschheit, (München 2013, Original Israel 2011) Pantheon Verlag 2015[6]

Friedrich **Heiler**: Erscheinungsformen und Wesen der Religion, Stuttgart 1961, 2. verbesserte Auflage 1979

Mihály **Hoppál**: Schamanen und Schamanismus, Augsburg 1994

Gerald **Hüther**: Was wir sind und was wir sein könnten – Ein neurobiologischer Mutmacher, 2011; Fischer Taschenbuch 2013, 2017 [8]

Gerald **Hüther**, Würde – Was uns stark macht – als Einzelne und als Gesellschaft mit Uli **Hauser**; Albrecht Knaus Verlag München, 2018

Gerald **Hüther** & Christoph **Quarch**: Rettet das Spiel! Weil Leben mehr als Funktionieren ist. Carl Hanser Verlag München, 2016

Johan **Huizinga**: Homo Ludens. Vom Ursprung der Kultur im Spiel, Hamburg, (1956), 1981

Åke **Hultzkrantz**: Schamanische Heilkunst und rituelles Drama der Indianer Nordamerikas, München 1994, 1996²

Michael **Jordan**: Die Mythen der Welt (Scherz Verlag, Bern, 1997), Patmos Verlag/Albatros Verlag, Düsseldorf, 2005

Carl Gustav **Jung**: Der Mensch und seine Symbole, Solothurn – Düsseldorf, 1968; 13. Aufl. der Sonderausgabe 1993

Verena **Kast**, Märchen als Therapie, Walter-Verlag Olten (Ch), 1986, 2. Auflage 1986

Wighart von **Koenigswald** & Joachim **Hahn**: Jagdtiere und Jäger der Eiszeit, Fossilien und Bildwerke, Stuttgart 1981

Martin **Kuckenburg**: Wer sprach das erste Wort? Die Entstehung von Sprache und Schrift, Konrad Theiss Verlag Stuttgart 2004

Klaus **Lankheit**: Dokumentarische Neuausgabe von: Wassily Kadinsky & Franz Marc, Der Blaue Reiter, München 1965, überarbeitete Neuausgabe 1984, 1994

Richard E. **Leakey** & Roger **Lewin**: Wie der Mensch zum Menschen wurde - Neue Erkenntnisse über den Ursprung und die Zukunft des Menschen, (Hamburg 1978), München 1985

Roger **Lewin**: Spuren der Menschwerdung. Die Evolution des Homo sapiens, Heidelberg 1992

Aljoscha **Long** & Ronald **Schweppe**: Praxisbuch NLP. Südwest-Verlag München 2014, 2. Auflage 2016

Alexander **Lowen**: Liebe und Orgasmus. Persönlichkeitserfahrung durch sexuelle Erfüllung, München (?) 1983, 6. Aufl. 1991

Alexander **Lowen**: Der Verrat am Körper. Der bioenergetische Weg, die verlorene Harmonie von Körper und Psyche wiederzugewinnen, Reinbek 1982

Alexander **Lowen**: Lust. Der Weg zum kreativen Leben, München 1979, 7. Auflage 1991

John **McCrone**: Als der Affe sprechen lernte. Die Entwicklung des menschlichen Bewusstseins, Frankfurt/M 1992

Michael Lukas **Moeller**: Der Krieg, die Lust, der Frieden, die Macht. rororo Reinbek 1992

Michael Lukas **Moeller**: Die Wahrheit beginnt zu zweit. rororo Reinbek 1992, 34. Auflage 2014

Michael Lukas **Moeller**: Die Liebe ist das Kind der Freiheit; rororo, Reinbek bei Hamburg, 1990, 16. Aufl. 2008 (Rowohlt 1986)

Michael Lukas **Moeller**: Worte der Liebe. Erotische Zwiegespräche – Ein Elixier für Paare, rororo, Reinbek bei Hamburg, (1996) 1998, 10. Auflage 2011

Horst M. **Müller**: Sprache und Evolution. Grundlagen der Evolution und Ansätze einer evolutionstheoretischen Sprachwissenschaft. Verlag de Gruyter Berlin – New York, 1990

Horst M. **Müller**: Arbeitsbuch Linguistik. Eine Einführung in die Sprachwissenschaft, Ferdinand Schönigh, Paderborn – München – Wien – Zürich, 2., überarbeitete und aktualisierte Auflage 2009

M. Scott **Peck**, Gemeinschaftsbildung. Der Weg zu authentischer Gemeinschaft, eurotopia Buchversand, Sieben Linden, 38489 Beetzendorf, 2. überarbeitete Auflag 2011 (Or. 1984 New York)

Rudolf **Pörtner**: Bevor die Römer kamen. Städte und Stätten deutscher Urgeschichte, (1961) München, Zürich 1964, 1976

Josef H. **Reichholf**: Das Rätsel der Menschwerdung. Die Entstehung des Menschen im Wechselspiel mit der Natur. Stuttgart (München) 1990 (Lizensausgabe)

Berthold **Riese** (Hg.): Schrift und Sprache (Verständliche Forschung), Heidelberg, Berlin, Oxford, 1994

184

Carl R. **Rogers**: Entwicklung der Persönlichkeit (Original 1961), Klett-Cotta, Stuttgart 1973, 20. Auflage 2016

Marshall B. **Rosenberg**: Gewaltfreie Kommunikation. Eine Sprache des Lebens, Junfermann-Verlag Paderborn, 2001, 8. Auflage 2009

Marshall B. **Rosenberg** & Gabriele **Seils**, Konflikte lösen durch Gewaltfreie Kommunikation – Ein Gespräch, Herder Verlag Freiburg, Basel, Wien 2004 (7. Auflage)

Mark **Rowlands**: Der Philosoph und der Wolf. Was ein wildes Tier uns lehrt (London 2008) Piper Verlag München, 2010

Mario **Ruspoli**, Die Höhlenmalerei von Lascaux, Auf den Spuren des frühen Menschen, Augsburg, 1998

Oliver **Sacks**: Der Mann, der seine Frau mit einem Hut verwechselte, Rowohlt Taschenbuch Verlag, Reinbek bei Hamburg 1990 (1994)   (Or. New York 1985)

Vjačeslav E. **Ščelinskij** & Vladimir N. **Širokov**: Höhlenmalerei im Ural – Kapova und Ignatievka, Die altsteinzeitlichen Bilderhöhlen im südlichen Ural, Sigmaringen 1999

Peter **Schellenbaum**: Nimm deine Couch und geh! Heilung mit Spontanritualen, (1992), München 1994, 1995^2
Anton **Scherer** (Hg.): Die Urheimat der Indogermanen, Darmstadt 1968

Wolfgang **Schmidbauer**: Mythos und Psychologie, München 1970, Neuauflage 1999; Krummwisch 2001

Wolfgang **Schmidbauer**: Wie Gruppen uns verändern. Selbsterfahrung, Therapie und Supervision, Kösel-Verlag München, 1982

Uwe **Schneidewind**, Die Große Transformation. Eine Einführung in die Kunst des gesellschaftlichen Wandels (Frankfurt/M 2018)

Friedemann **Schrenk**: Die Frühzeit des Menschen. Der Weg zum Homo sapiens; München, Beck 2008

Friedemann **Schulz von Thun**: Miteinander reden, rororo Reinbek
Band 1: 1981, 52. Auflage 2015; Band 3: 1998, 25. Auflage 2016

Manfred **Spitzer**: Lernen. Gehirnforschung und die Schule des Lebens,
Spektrum Akademischer Verlag Heidelberg – Berlin, (2002), korrigierter
Nachdruck 2003

Antje **Tesche-Mentzen** & Herlinde **Koelbl**: Kunst von Kindern, München
2002

Piers **Vitebsky**: Schamanismus – Reisen der Seele, Magische Kräfte,
Ekstase und Heilung, Köln 2001

Frans de **Waal**: Wilde Diplomaten. Versöhnung und Entspannungspolitik
bei Affen und Menschen, Carl Hanser Verlag München – Wien, 1991 (Or.
1989)

Roger N. **Walsh**: Der Geist des Schamanismus. Geschichte, Heilung,
Technik, (Düsseldorf – Zürich 1992) Düsseldorf 2003

Literatur von Christoph W. Rosenthal

zu Humanevolution, Geschichte und Sprache

- Die Humanevolution war ganz anders – Eine überfällige
  Revision, Rediroma-Verlag Remscheid, 2018
  (Version 1.1 März 2019)

- Die kopernikanische Wende unseres Weltgeschichts-Bildes,
  Rediroma-Verlag Remscheid, 2018 (Version 1.1 Januar 2021)

- Die Mesolithische Revolution – als die Begründung der
  historischen Entwicklung. Rediroma; Januar 2021

Veröffentlichungen ab Februar 2021

- Cûl Tura: Die Entzifferung und Rekonstruktion der ursprünglichen
  Sprache des Menschen   (Februar 2021)
      Band 1: Die ursprüngliche Sprache des Homo sapiens
      Band 2: Zur Etymologie unserer Wörter

- Mebuntu: Die erste historische Sprachform
      Februar oder März 2021

- Frau Holle und der Drache von Lascaux: Die eiszeitliche
  Symbolik und Kultur (im Licht der Entzifferung und Rekonstruktion
  der eiszeitlichen Sprache des Homo sapiens) Februar oder März 2021

- Kulturologie - Die Wissenschaft bzgl. der Software-Struktur
  des Menschen (etwa März 2021)

Weitere Veröffentlichungen in Vorbereitung.

Christel Rücker: Der 4. Februar

In diesem **Roman** lässt Christel Rücker ihre Mutter am Ende ihres Lebens die zentralen Geschehnisse ihres Lebens erzählen. Verlor Mutter Hermine 1914 mit nicht einmal 6 Jahren ihren Vater im Krieg, so wiederholt sich dieses Schicksal 1943, wo sie nun als Mutter von sechs Kindern mitten im Krieg Witwe wird. Als solche erlebt sie die Bombardierung Wuppertals, Evakuierung und Einsatz als Magd, die Rückkehr in das Nichts einer zerbombten Stadt und einige Folgen, als die äußere Not endlich Dramatik verlor.

Authentisch ist der Roman auch insofern, als dass die Autorin Christel Rücker (Jg. 1932) als Tochter selbst Betroffene der erzählten Geschichte ist. In der Auseinandersetzung mit der schwierigen Geschichte ihrer Mutter entsteht bei ihr und den anderen Geschwistern ein mitfühlendes und Anteil nehmendes Verstehen für die Mutter. Es ist ein Weg der Aufarbeitung und Heilung, der letztlich zu einem versöhnlichen Ende führt, in dem Beiden ein dankbares Aneignen ihres Lebens gelingt.

2018   € 8,95 (D)